리스본　　포르투

아베이루　　　　　　　　신트라

일러두기

한글 및 외래어 표기는 국립국어원 표기 및 외래어 표기법을 기준으로 했습니다. 다만 상호명과 브랜드명, 지명, 인명 등 고유명사의 한글 표기는 현지 발음에 가깝게 표기했습니다. 예를 들어 포르투(Porto)의 'o'는 '오'로 표기하는 것이 원칙이나 현지 발음인 포르투로 일괄 표기했습니다. 또한 '리소토'의 경우 익숙하고 일반화된 '리조또'로 표기했습니다.

our
Lisbon, Porto

조인숙

& 김민소, 김민유

같이 앉아 그림을 그리고

오늘 보았던 풍경을 이야기하고

별것 아닌 일로 깔깔깔 웃고

서로 바라보며 귀 기울이는 꽉 찬 하루하루

아름다운 것, 새로운 것을 보며

함께 감탄하고 음미할 수 있다는 것

다녀와서도 두고두고 되새김질할 공통의 추억이 있다는 것

아름답고 쓸모 있는 시간들

"소식 들었어요? 아시아나 항공이 드디어 리스본 취항을 한대요. 오늘 오픈했다네요."
"와! 진짜요? 드디어 노선이 생기는 건가요?"
"이번에는 한시적인데 반응이 괜찮으면 정식으로 취항할 것 같아요."
"아웅! 너무 가고 싶은데 민소가 고3이라 고민이 되네요."
친한 박기자님과 통화를 마치고 곧바로 검색을 해봤다. 홈페이지를 열자 10월부터 3월까지 일주일에 2회 임시 항공편이 생겼다는 팝업창이 떴다. 이전에는 포르투갈에 가려면 유럽의 다른 도시에서 경유를 해야만 했는데 인천에서 리스본까지 원스톱으로 갈 수 있다니! 더욱 고무적인 것은 나에겐 세 명이 유럽을 왕복할 수 있는 마일리지가 있다는 사실. 몇 년간 참으로 열심히 카드를 긁었다. 그중 일등 공신은 당연 민소의 학원비가 아니었을까 싶다. 편당 마일리지 좌석은 9~11석밖에 되지 않았다. 이 제한된 숫자가 더욱 내 마음에 불을 댕기고 있었다.
하지만 문제는 첫째인 민소가 고3이라는 것. 게다가 민소는 미대 정시를 준비하는 중이라 추가 합격 발표까지 고려하면 2월까지는 일정을 예측하기 어려웠다.
그때까지는 꼼짝할 수 없는 답답한 상황이다.

가족이나 지인에게 물어보면 보나 마나 입시생 엄마가 지금 여행을 신경 쓸 때냐는 타박만 들을 것 같아서 정시 발표 일정을 인터넷 검색으로 확인해 봤다. 다른 건 몰라도 여행에 관한 결정에 있어서는 다른 사람의 조언은 생략하고 나에게 집중하는 편이다(대부분은 남의 걱정을 과하게 해 주는 관계로).
최적의 시기는 정시가 끝난 후의 2월이다. 3월에는 새 학기가 시작되니 둘째마저 여행이 불가능해지고 만약에 민소가 추가 합격까지 기다려야 하는 상황이 된다면 그 소식은 리스본에서 들어도 입학 진행에는 무리가 없을 것 같았다.
그렇게 두어 시간의 고민고민 끝에 결국 나는 리스본행 항공 티켓을 클릭하고 말았다.

종종 생각한다. 그때 내가 좀 더 신중했다면 어땠을까? 민소의 입시가 끝난 뒤에 차분히 여행을 준비해 가야겠다는 결정을 내렸다면 어땠을까?
다행히도 민소는 기대하지 않았던 수시에 덜컥 합격했다. 또 여행이 끝날 무렵에는 코로나가 전 세계를 휩쓸며 해외여행이 예전만큼 쉽지 않게 되었다. 꼼꼼하지 않고 급한 내 성격 덕분에 우리는 운 좋게도 마스크 없는 여행의 막차를 탔다.

contents

- 012 prologue
- 018 등장인물
- 019 여행 친구들
- 021 여행 준비
- 024 현지 체험
- 030 Portugal map & info
- 032 포르투갈에 대한 몇 가지 것들

our Lisbon

- 036 비행기 안에서
- 037 Lisbon map & info
- 038 낯선 곳에서 첫날
- 046 시작은 코메르시우 광장
- 050 올라! 마음을 녹이는 한마디
- 053 호시우 광장
- 054 리스본 모자이크 수업
- 058 문어의 맛
- 060 문어는 할머니 국이 최고
- 061 포르투갈 대표 음식들
- 062 그들만의 세상, 카페 아 브라질레이라
- 066 페소아의 흔적을 찾아서
- 070 어머! 이건 꼭 사야 해
- 073 리스보아 카드 개시
- 074 국립 아줄레주 박물관

076	아줄레주 종류
077	아줄레주 박물관에서 놓치지 말아야 할 것들
082	제로니무스 수도원, 이렇게 예쁜 꽈배기가
086	제로니무스 수도원에서 놓치지 말아야 할 것들
090	에그타르트의 유래
091	3대 에그타르트 맛집
092	밤을 가르는 28번 트램
094	전망 좋은 카페 가라젬
096	우리는 자매입니다. 상 조르즈 성
102	리스본행 야간열차
103	카네이션 혁명
104	주제 사라마구
106	리스본의 상점들

our Porto

112	Porto map & info
114	포르투로 가는 기차 - 미션 파서블
116	집에서 즐거운 여행 생활
120	히베리아 지구, 동 루이스 1세 다리
121	에어비앤비 고르는 법
122	니콜라스와 이월이, 여행을 기억하는 방법
128	포토 스냅샷 촬영
130	우리가 닭을 먹는 방법

contents

- 134 동 루이스 다리 한가운데서, 화장실을 외치다
- 139 빌라 노바 드 가이아
- 140 포르투의 공공 예술 - 툭툭 투어
- 144 세상에서 가장 아름다운 기차역
- 150 파두와 함께
- 154 파두
- 155 사우다드
- 156 너무 불친절한 그녀, 인종차별인가요?
- 158 메이드 인 포르투갈
- 160 포르투의 상점들
- 164 포르투에서 가장 아티스틱한 거리
- 166 두 번째 숙소는 상 벤투 역 앞
- 172 포르투에서 파리의 감성을
- 174 포르투의 식당들
- 176 해리 포터의 아이들
- 180 렐루 서점
- 182 세할베스에서 꽉 찬 하루

our Aveiro

- 188 Aveiro map & info
- 190 갈까 말까 망설여질 때는
- 192 아베이루 대성당과 박물관
- 199 커피 마시는 법

again Lisbon

- 202 굴벤키안 박물관
- 204 칼루스트 굴벤키안
- 206 굴벤키안 박물관에서 놓치지 말아야 할 것들
- 207 분하다! 분해!
- 208 슬기로운 판화 수업

our Sintra

- 212 Sintra map & info
- 214 토요일 신트라 여행
- 219 벗어날 수 없는 바칼라우의 늪
- 224 세상의 끝, 호카곶
- 230 리스본의 마지막 밤

등장인물

∴ 엄마
아침잠이 많아서 육아에 취약했지만 여행 중에는 신기하게도
빨리 일어나고 부지런해지는 스타일.
요즘 들어 자꾸만 총기가 떨어진다. 그래서 더 늙기 전에
열심히 여행을 다녀야겠다고 생각한다.
아이들이 보내주는 여행을 소망하는 '효도 여행 꿈나무'.
우리끼리 별명 - 초초, 쯔쯔

∴ 언니(Minso)
어쩌다 성인. 시원한 그늘에서 책 읽고 그림 그리는 것을
좋아하는 무심한 성격.
특징 - 먹을 것 앞에서는 자비가 없다.
우리끼리 별명 - 오성, 빅토리아해밀턴레이디제인민소

∴ 동생(Minyu)
언니보다 그림도 잘 그리고 싶고
학교도 더 좋은 대학에 가고 싶은 둘째.
그러나 이상과 현실은 거리가 있다는 것을 아직은 모른다.
특징 - 엄마도 좋고 언니도 좋지만 엄마와 언니가 서로
좋아하는 것은 싫어한다.
우리끼리 별명 - 한음, 샤를로또에뚜아마드모아젤뿡유

여행 친구들

대단히 용기가 있다거나 모험심에 불타는 성격은 아니지만 낯선 곳으로 떠나는 것을 좋아했다. 학생 때나 싱글일 때는 주로 친구들과 다녔고 결혼 후에는 대부분 남편과 다녔다. 큰아이 민소가 아기일 때는 엄마에게 잠시 맡기고 주말을 이용해 홍콩이나 도쿄 등 비교적 가까운 도시를 짧게 여행했다. 그러다 민소가 여섯 살이 되던 무렵부터였을까? 조금 멀리 길고 느긋하게 가고 싶다는 바람이 생겼다. 남편은 항상 바빴고 휴가도 짧아서 민소와 단둘이 도쿄 일주일 여행을 시작으로 런던 세 달, 북유럽 한 달 등 여름방학을 온전히 여행에 쏟는 즐거움을 누렸다. 물론 그에 따른 경제적 출혈은 컸지만 모든 카드는 마일리지 적립에 최적화된 것만 사용하고 생활비와 학원비를 아껴 여행 중심의 생활을 했다.

둘째 민유가 태어났을 때도 첫째 때처럼 엄마 찬스를 써 우리끼리 여행을 갔다. 민유가 네 살이 되었을 때 나는 민소, 민유를 데리고 세 명이서는 처음으로 북해도, 삿포로 여행을 계획했다. 사실 그건 고행을 각오한 여행이 아닌 훈련과도 같았다. 북해도가 처음인 건 문제가 아니었다. 언니 민소와 여덟 살 차이가 나는 민유는 엄마가 2년간 키워 주셨다. 당시에는 친정에서 집으로 데려온 지 얼마 되지 않았을 때인데 언니에 대한 질투와 나에 대한 애착이 말도 못하게 심했다. 뭐든지 민유 거, 엄마도 민유 거, 언니 장난감도 민유 거고 몇 발자국만 걸으면 안아 달라고 양손을 '앞으로 나란히' 하듯 자동으로 내미는 떼쟁이였다. 오죽했으면 내가 엄마와 통화하면서 이런 말을 했다. "엄마, 산부인과에서 아이가 바뀌었다는 전화가 와도 난 전혀 놀라지 않을 것 같아. 아! 그렇죠? 어쩐지! 이렇게 말할 거 같아."

내가 아이들과 북해도에 간다고 하자 엄마와 언니는 손사래를 치며 여행이 가고 싶으면 민유는 예전처럼 친정에 맡기고 민소만 데려가라고 만류하셨다.
민유를 데리고 국내 여행은 고사하고 대중교통으로는 백화점도 못 가는 네가 어떻게 해외를 가냐고…. 모두 수긍되는 말이었지만 그때는 지금보다는 젊어서 그랬는지 닥치면 어떻게든 될 것 같은 자신감이 있었다.
물론 삿포로 여행이 팔이 빠지고 허리가 휠 것 같은 고행이기는 했지만 나름 성과도 있었다. 방 하나의 숙소에는 침대가 두 개 있었는데 아이들을 재운 후 나는 한쪽 책상에서 1시간 넘게 이런저런 일정과 예산을 정리한 후 잠자리에 들었다. 처음에는 엄마랑만 잠자리에 들겠다던 민유도 점차 언니와 한 침대에서 잠을 자기 시작했고 여행을 다녀와서는 급기야 혼자 잠을 자기도 했다. 가장 큰 성과는 여행을 하면서 경쟁의 대상으로만 여겼던 언니와 한 팀이 된 것이다. 이제까지 천사인 줄로만 알았던 엄마가 알고 보니 무서운 독재자라는 사실을 여행에서 깨달은 것이다.
민소 또한 갑자기 등장해서 엄마를 빼앗아간 얄미운 여덟 살 어린 동생이 자신의 보호를 필요로 하는 것에 기쁨을 느끼는 것 같았다. 여행 중에 자매는 시나브로 가까워지고 민유의 고치기 힘들었던 습관도 몇 가지는 자연스레 바로잡혔다. 환경이 달라지면 새로운 루틴이 생겨 거기에 적응하는 것이다. 그건 꼭 해외여행이 아니더라도 국내에서 일주일 정도의 여행만으로도 가능하다고 말한다면 난 그것에도 수긍한다. 그 후로도 우리는 아빠와 함께 가는 여행도 했지만 세 명이서 가는 여행이 더 잦았다. 그렇다고 아이들이 여행으로 인해 갑자기 올바르고 모범적인 사람으로 거듭났다는 뜻은 아니다. 어른이 여행 한 번으로 큰 깨달음을 얻는 것이 아니듯 아이들도 마찬가지. 사람마다 여행의 목적이 다르겠지만 나는 그 시간을 얼마나 함께 즐기고 추억하느냐에 중점을 두고 있다.

여행 준비

모든 일정을 시간대별로 정확하게 짜는 사람들이 있는 반면, 가면 어떻게든 되겠지 하는 마음으로 일단 떠나는 사람들이 있다. 하나를 고르라면 나는 후자이다.
항공권과 숙소를 예약한 후에는 뭔가 잔잔한 바다처럼 엄청 편안해진다. 마음 속에 일렁이는 파도가 모두 사라진 기분이랄까? 어제까지 쌓여 있던 스트레스와 불만도 그리 큰일 같지 않고, 끝이 보이지 않는 지루하고 지겨운 작업도 힘들지가 않다. 그곳에서 무엇을 보고 뭘 먹을까보다는 어떤 모습으로 다닐까를 머릿속에 그리며 행복한 하루하루를 보낸다.

가장 큰 준비는 아끼던 패브릭을 꺼내 아이들이 입을 옷을 만드는 것인데 아이들도 평상시 학교 갈 때나 동네에서는 입지 않을 엄마표 원피스를 해외에 나가면 마치 루틴처럼 당연하게 입어 준다(애들도 이제 생존법이라는 것을 터득한 모양이다). 이번 여행의 주 컬러는 리스본을 대표하는 아줄레주에서 영감을 얻어 '블루'로 정했다. 이전 여행과 다른 점이라면 이번에는 원피스 개수를 줄이고 셔츠와 재킷을 고루 만들었다. 입시생이 되면서 몸무게가 증가한 민소를 위한 나름의 배려 차원.
옷과 함께 민유가 들고 다닐 크로스 백과 도난 대비용으로 고리 달린 내 지갑도 만들었다. 저번 런던 여행에서 당한 소매치기를 교훈 삼아 재킷 안쪽에는 모두 안주머니까지 달았다.

민유가 사용하는 이케아 이불로 원피스를 만들었다. (엄마는 '사운드 오브 뮤직 팬'.) 이렇게 큼지막하고 대담한 패턴은 시중에서 찾기 힘든데 마침 민유 이불을 보니 딱! 이거다 싶었다.

아이들이 준비한 포토 카드
자신들의 그림으로 투명 포토 카드를 만들었다. 민소가 먼저 몇 개를 주문해서 받았는데 그걸 본 민유도 부러워서 급히 그림을 그려 주문했다.

현지 체험

여행지에서 우리는 비록 관광객이지만 그냥 지나치기보다는 잠시 머물며 문화 속으로 들어가 보고 싶다는 생각을 한다. 요즘은 관광객을 대상으로 하는 원데이 클래스가 많이 생겼고 예약 방법도 간단해졌다. 일 년 전, 민유랑 런던 노팅힐에서 베이킹 수업에 참여하려고 했는데 지갑을 소매치기 당하는 바람에 좌절된 적이 있다. 그에 대한 보상 심리 때문인지 이번 포르투갈 여행에서는 두세 가지를 미리 예약해 두고 도전하기로 했다.

리스본과 포르투에는 다양한 체험과 수업이 있었다. 아줄레주 그리기, 와이너리 투어, 도보 투어, 판화 수업, 에그타르트 만들기, 요가 등 취향에 맞게 선택할 수 있다. 우리는 에어비앤비 앱을 통해 예약했다.

골고루 칠해 주세요.

아줄레주 판화 만들기가 가장 재밌네요.

간식이 감동이네요~

Porto.

LIVRO DO DESASSOSSEGO · THE BOOK OF DISQUIET
LIBRO DEL DESASOSIEGO · LE LIVRE DE L'INTRANQUILLITÉ

FERNANDO PESSOA

"one of the defining texts of the modern world"
NICHOLAS LEZARD
THE GUARDIAN, 8 JUNE 2001

VOUCHER
2020-02-10
€5,00

"Visit Gaia
and Port W
TELEF,SA Calçada
NIF 50823754
www.gaiacable

VAL.: 30
IVA in
Adulto
3 / 53066

50 ETIQUETAS DE FÓSFOROS ESTRANGEIRAS DIFERENTES

Travessa de Cedofeita, 8D — Porto – 22 3323243 – collectus@gmail.com
http://coleccionar-collectus.blogspot.com – https://www.facebook.com/lojacollectus

Preço / Price: € 5

De: Joaquim de Sousa Neves
Rua da Saudade nº 132
4560 Penafiel

Exmº Senhor
Engenheiro Director da Direcção Hidráulica
do Douro
Rua Formosa nº 254
4100   PORTO

R 4560 Penafiel
   REGISTO

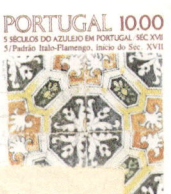

Gonçalo Zarco
Tristão Vaz

Açucenas

Cabo Girão – 500? Falésia
Câmara de Lobos (Lobos marinhos)
Ribeira Brava (onde Churchill veio um
  – hospedando-se no Hotel Ritz)
Encomeada (1.007 m.)
São dos Loureiros (pic nic)
Vicente (vinho jaqué)

petição q
Vicente
vinho j
Stuia c
Mongi
questão
e por causa das faias. Em frente
ilha de Porto Santo.
cha (cestas de vimeiros, grupos folclori
– foot ball

Portugal map & info

정식 국명 포르투갈 공화국(Portuguese Republic)
비자 무비자로 90일까지 체류 가능
수도 리스본(Lisbon), 제2의 도시는 포르투(Porto).
통화 유로(EUR)
날씨 지중해성 기후. 5~10월은 건조하고 11~4월은 비가 많이 내리고 습하다.
안전 비교적 안전한 편이지만 도시에서는 소매치기를 조심해야 한다. 인종차별, 성희롱, 부당한 대우를 받았다면 112 또는 +351-21 342 1623으로 신고한다.

입국

리스본 국제공항
포르텔라 공항으로도 불림. 시내와 멀지 않아 중심지로 이동이 용이하다(김포국제공항과 비슷하다). 점점 유동인구가 많아져 다른 곳으로 이전을 계획 중이다.

포르투 국제공항
인근 유럽 국가로 이동하기에 편리하다.
포르투갈 입국 관련 조치는 기한 종료 직전 또는 수시 변동되므로, 여행 출발 전 대사관 홈페이지 공지 사항을 확인해야 한다.
주 포르투갈 대사관 영사과 +351-21-793-7200
consulpt@mofa.go.kr

철도
포르투갈 철도 회사인 Comboios de Portugal이 포르투갈 전역을 이동하고 비고, 마드리드 및 파리까지 연결되어 있다. 앱을 다운로드하면 용이하다. www.cp.pt

시외버스
'코치'라고 부르며 포르투갈의 주요 도시를 연결한다.
www.rede-expressos.pt

지하철
지하철은 수도인 리스본과 포르투에 있다. 리스본에 있는 가장 오래된 역과 가장 최근의 역 모두 유명한 포르투갈 예술가들의 타일 패널로 장식되어 지하철 미술관으로 불린다.

포르투갈에 대한 몇 가지 것들
something about portugal

대항해 시대 Era das Grandes Navegações
배를 타고 항로를 개척하고 탐험과 무역을 하던 시기를 말한다. 15세기 초반부터 18세기 중반에 주로 이루어졌다. 포르투갈의 엔히크 왕자가 처음으로 대항해 시대를 열었고 바스쿠 다 가마가 원정을 통해 항로를 개척했다. 포르투갈 최고의 전성시대라 할 수 있다. 하지만 현대에는 철저하게 유럽인의 관점으로 본 편협한 용어라는 비판도 있다.

아줄레주 Azulejo
빛이 나는 돌(타일)에 유약을 바르고 그림을 그린 장식이다. 이슬람문화에서 전해졌지만 포르투갈 문화와 시대에 맞춰 독특한 포르투갈만의 아줄레주가 만들어졌다.

파두 fado
포르투갈의 음악 장르. '운명', '숙명'을 뜻한다. 애절한 멜로디와 고단한 삶, 그리움과 향수에 대한 가사가 많다. 크게 리스본 파두와 코임브라 파두로 나뉘고 현재도 인기가 많은 장르이다.

페르난두 페소아 Fernando Pessoa

포르투갈의 시인이자 작가, 그리고 번역가이자 철학가. 80여 개의 이명이 있다. 살아생전에는 그리 유명하지 않았지만 그가 남기고 간 미완성 원고가 책으로 출간되어 큰 명성을 안겨 주었다. 20세기 문학에서 중요한 인물로 평가받고 있다.

포트 와인 Vinho do Porto

영국이 백년전쟁에서 패해 프랑스 와인 수입에 차질이 생기자 비교적 가까운 포르투갈에서 수입을 하게 되어 유명해졌다. 운송 도중 변질을 막기 위해 브랜디를 넣어 발효를 중지시켰다. 포도의 당분이 남아 있어 달콤하지만 도수는 높은 것이 특징이다.

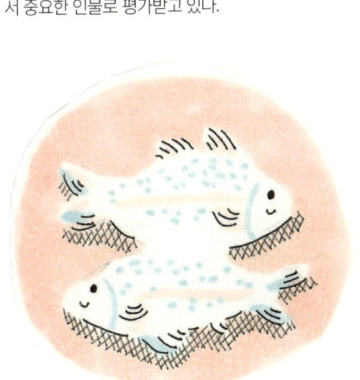

바칼라우 Bacalhau

소금에 절인 대구 요리로 포르투갈 대표 음식이다. 북대서양에서 잡은 대구가 상하지 않도록 소금에 절인 것에서 비롯되었다. 시장이나 마트에 가면 절인 대구를 통째로 파는 모습을 볼 수 있다.

문어 요리 polvo assado

포르투갈은 해산물 요리가 유명하지만 그중에서도 꼭 맛보아야 할 음식이 바로 문어 요리다. 예전에는 크리스마스이브에 먹는 요리였다는데 현재는 대구와 함께 사랑받는 국민 요리다.

our
Lisbon

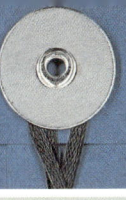

페소아를 전혀 몰랐던 사람도 리스본 곳곳에서 만나는 페소아의 책과 흔적들을 접하면 이곳이 '페소아의 도시'라는 것을 깨닫는다.

비행기 안에서
in the airplane

포르투갈의 수도
리스본(Lisbon)은 영어식 표현이고 포르투갈어로는 리스보아(Lisboa)라 한다. 포르투갈 최대 도시이자 항구 도시다.

운영 시간
미술관, 박물관은 대부분 월요일 휴무. 평일은 6시까지 운영한다. 레스토랑은 늦은 시간에서 새벽까지 문을 여는 곳이 많다. 포르투갈의 저녁 식사 시간은 오후 7시 30분부터 시작(현지인들은 8시 이전에는 식사를 하지 않는다고 한다).

공항에서 시내로
공항버스 - 공항에서 시내를 오가며 오전 8시~오후 9시까지 운영한다.
지하철 - 도로 시설이 좋지 않은 리스본에서 시내로 접근하는 가장 빠른 방법. 네 개의 노선이 운행 중이고 중심부인 호시우 광장까지 가려면 1회 환승해야 한다.
택시 - 시내와 가까워 비용이 저렴한 편이다. 우버 승강장은 따로 있으니 확인할 것.
tip 리스본 시내에서 일반적인 이동 요금은 10유로를 넘지 않는다(더 나오면 100% 바가지).

트램
리스본의 가장 전통적인 교통수단. 현재 5개의 노선이 운행 중이다. 대부분의 관광지를 관통하는 28번 트램이 가장 인기가 많고 그다음으로는 12번 트램 순이다(객차 상태는 28번보다 좋다).

리스보아 카드
대중교통 무제한 이용, 관광지 무료입장이 가능한 카드. 1일권, 2일권, 3일권 등이 있다.

낯선 곳에서 첫날
Taxi, Hotel, Lisbon

되도록 밤에 도착하는 것은 피하고 싶었다. 한 번도 가 본 적 없는 낯선 도시의 밤거리를 아이들과 함께 헤매고 싶지는 않았다. 그렇지만 직항 노선은 이것 하나라서 달리 선택의 여지가 없었다.

택시는 어느 골목의 계단 아래 정차했다. 골목 입구에는 공사 중인지 펜스가 있었다. 호텔은 20m의 정도 계단 위에 위치해 있었다. 하는 수 없이 민소와 내가 각각 트렁크를 들고 계단을 올라갔다. 오후 6시 이후에는 직원이 없는 레지던스 호텔로, 비밀번호를 누르고 들어가는 방식이다. 건물 입구에서 한 번, 방 입구에서 또 한 번. 다소 긴 번호를 누르자 드디어 우리만의 공간이 열렸다. 제일 먼저 보이는 식탁 테이블과 커다란 그린 벨벳 소파. 동그란 테이블 위에는 빵 바구니와 세 명분의 에그타르트, 쿠키, 과일, 와인이 환영 카드와 함께 우아하게 세팅되어 있었다. 아이들은 환호성을 지르며 에그타르트 먼저 한입 베어 물었다. 부엌에는 요리 도구뿐 아니라 커피 머신과 파스타, 쌀(리조또 용), 양파, 치즈, 음료까지 준비되어 있었다. 순간 오늘 하루 느꼈던 피곤함과 불안함, 언짢았던 기분이 모두 사라지는 것 같았다. 비행기는 출발 전부터 1시간가량 연착했고, 14시간의 비행시간은 너무나 길고 지루했다. 비행기가 공항 활주로에 닿자마자 예약한 택시 기사분에게 전화가 왔다. 어디냐고 묻더니 앞으로 딱 30분만 더 기다리겠다며 만약 30분이 넘으면 25유로를

더 받겠다고 엄포를 놓았다. 어떻게 할 건지 빨리 선택을 하라고 했다. 나는 예약 시 선불 결제한 19유로도 아깝고 1시간을 기다린 기사분에게도 미안해서 알겠다고 했다. 마침 옆에 서 있는 승무원에게 조언을 구하니, 리스본은 공항이 한산해서 30분 안에 나갈 수 있을 거라고 했다. 짐이 나오는 레일 앞에서는 안절부절못하며 우리의 트렁크를 매의 눈으로 찾았고 아이들과 부랴부랴 걷다가 뛰었다를 반복했다. 출국장 앞에는 여러 사람이 이름표를 들고 서 있었다. 그중에 가장 인상이 안 좋은, 표정 없는 얼굴로 서 있는 아시아인. 설마설마했지만 슬픈 예감은 틀린 적이 없다고 그가 들고 있는 종이에는 내 이름이 적혀 있었다.

나는 웃으며 미안하다고, 많이 기다렸냐고 물었지만 그는 인사도 없이 불평을 늘어놓기 시작했다. 우리가 좀 전에 약속한 30분에서 딱 3분 늦었음에도 불구하고 25유로에 주차비 5유로까지 더 달라고 했다. 예약 전에 사이트에서 읽은 후기엔 30분에서 1시간 정도는 늦어도 웃으며 친절하게 맞이했다는 내용이 많았는데 우린 이게 뭐지?

내가 너무 비싸다고 난색을 표하자 마지못해 주차비는 빼주겠다고 했다.

택시 안의 공기는 냉랭했다.

공항에서 15분 정도를 달리자 시가지가 나왔다. 공항은 도심과 비교적 가까운 편이었다. 택시가 도착하고 30유로를 건네자 잔돈이 없다며 공항 주차비 5유로를 포함해서 30유로를 다 받겠다고 했다. 돈도 돈이지만 그의 불친절하고 일방적인 태도가 너무 괘씸해서 가방 아래에 넣어 둔 환전 봉투를 꺼냈다. 지폐를 다 뒤져서 끝내 5유로를 찾아서 줬다. 내리면서 '내가 꼭 사이트에 당신에 대한 후기를 남기겠다.'고 다짐했다.

(그렇지만 며칠 지나니 바쁘고 귀찮아서 쓰지는 않은 나란 사람.)

나중에 계산을 해 보니 우버를 이용했다면 10유로 정도 하는 것을 우리는 선불 결제 19유로에 25유로를 추가로 내 총 44유로를 썼으니, 네 배를 더 지불한 셈이다.

그렇게 리스본의 첫인상은 좋지 않게 끝나나 싶었다.

그런데 쾌적한 인테리어와 테이블 위의 풍성하고 정성스런 음식들이 그 모든 불쾌감을 상쇄시켜 주었다. 정말 환영받는 기분이 들었다.

잠들기 전 혼자 다짐했다.

사소한 일에 일희일비하지 말고 엄마로서 중심을 지키겠다고.

몇 시 정도 되었을까? 저절로 떠진 눈을 비비며 시계를 보니 아직 새벽 3시. 더 자려고 가만히 누워 있는데 옆에서 "엄마" 하고 민유가 불렀다. "우리 더 자자." 다독거리며 소곤소곤 이야기를 하다 보니 어느새 새벽 5시가 되었다. 우리 소리에 깼는지 민소까지 일어났다. 침대에서 노닥거리는데 방의 풍경이 마치 얼마 전 다 함께 본 '타오르는 여인의 초상'에 나온 방과 비슷한 느낌이 들었다. 영화는 18세기 말 남프랑스의 외딴섬을 배경으로 펼쳐진다. 화가인 마리안느는 귀족 아가씨의 결혼 초상화를 그려 달라는 의뢰를 받고 섬으로 간다(신랑 측에서 초상화를 보고 결혼 여부를 결정하는 경우가 많았다). 오래된 저택은 화려하기보다는 조용하고 근엄한 느낌이 들었다. 마리안느를 방으로 안내하며 하녀 소피는 말한다. "원래 여기는 방으로 사용한 곳은 아니에요."

침대에서 바라본 방 풍경 또한 그랬다. 부엌이나 욕실은 최신 스타일이지만 건물 자체는 무척 오래된 것이 틀림없다. 굳게 닫힌 덧문 앞에 놓인 빈티지 의자를 보니 우리가 마치 18세기로 타임 슬립을 한 듯한 느낌이 들었다. 거실에는 현관문 외에 밖으로 향하는 커다란 흰색 문이 있는데 열 수는 없게 되어 있다. 분명 이곳 또한 방의 용도가 아니었으리라. 숙소를 선택할 때 현대식 스타일과 전통적인 스타일 중에서 고민했는데 후자를 고른 것은 참 잘한 결정이었다.

민소는 영화처럼 우리도 여자 셋이라며 즐거워했다. 한참을 그렇게 수다를 떨다가 배가 고파서 밥과 빵, 과일까지 클리어 한 후에 함께 그림을 그렸다.

BGM은 비발디의 사계 중 여름(타오르는 여인의 초상의 배경 음악)

숙소 창 너머로 본 풍경. 밤은 밤대로 낮은 낮대로 모두 좋았다.

아이들과 <타오르는 여인의 초상>에 대한 그림을 그렸다. 왼쪽 위는 내 그림, 아래는 민유, 오른쪽은 민소.

민소의 드로잉

시작은 코메르시우 광장

PRAÇA DO COMÉRCIO

리스본의 중심이라고 할 수 있는 대표적인 광장은 두 곳인데 하나는 '호시우 광장'이고 또 하나는 '코메르시우 광장'이다. 숙소는 공교롭게도 두 광장 사이에 위치했다. 밤늦게 도착한 아이들은 한시라도 빨리 밖으로 나가 리스본의 거리를 걷고 싶어 했다. 숙소를 나와 위로 올라가면 호시우, 아래로 내려가면 코메르시우다. 우리는 주저 없이 아래로 내려가는 길을 선택했다. 바다(실제는 강)가 보고 싶었기 때문이다. 골목을 벗어나자 아침 안개에 싸인 넓은 산책길이 보였다. 이른 아침이지만 사람들이 하나둘 같은 방향을 향해 걷고 있었기에 지도 같은 것은 필요치 않았다. 어젯밤 느꼈던 낯선 도시의 두려움은 신기하게도 싸그리 사려졌다. 아이들도 장난치고 사진 찍으며 걷느라 십보 전진이 어려웠다.

한참 깔깔거리던 민유가 오른쪽을 가리키며 "엄마! 바다야!"라고 외쳤다. 곧이어 넓은 광장이 펼쳐졌고 생각지도 못한 장엄한 풍경에 나도 아이들도 놀랐다.

땅과 강은 별다른 경계선 없이 계단으로 이어져 있었다. 바다처럼 보이는 테주강은 '지금은 여기지만 원한다면 더 나아갈 수 있어.'라고 손짓하는 듯했다.

이곳은 한때 리스본의 관문이었다. 신대륙 발견이나 개척이라는 단어는 제국주의와 연결되어 싫었는데, 이곳에 오니 '대항해 시대'라는 단어가 절로 떠올랐다. 원래 이곳에는 히베이라 궁전 Ribeira Palace이 있었으나 1755년 11월 1일 리스본 대지진으로

파괴되었다. 이후 주제 1세는 밀실 공포증이 생겼고 석조 건물에서는 살지 않겠다며 벨렝(도시 외곽)의 아쥬다 언덕에 목조 주택을 짓는다(후에 아쥬다 궁전이 건설). 결국 궁전 개건은 이루어지지 않았다. 왕의 대리 격인 폼발 후작의 대대적인 도시 계획으로 이곳은 궁전이 아닌 광장으로 거듭났다. 현재 광장 중앙에는 주제 1세의 큰 동상이 서 있고, 동상을 중심으로 'ㄷ'자 모양의 웅장한 아케이드가 형성되어 있다. 뒤편 중심에는 커다란 개선문의 아치가 있다. 그곳을 통과하면 바로 아우구스타 거리이고, 똑바로 더 가면 호시우 광장이 나온다. 광장은 관광객뿐 아니라 리스본 시민들에게도 크게 사랑받는 곳이 되었다. 광장을 바라보며 문득 궁금해졌다. 이곳이 궁전으로 재건되었다면 또 어떤 아름다움을 선사했을까? 당시의 모습은 며칠 뒤 '아줄레주 박물관'에서 발견할 수 있었다.

올라! 마음을 녹이는 한마디
LIVRARIA BERTRAND, LISBON

오래된 서점은 언제나 마음을 설레게 만든다.

세계에서 가장 오래된 서점이라는 타이틀을 간직한 베르트랑 서점. 중심가에 위치한 서점은 생각보다 크고 많은 책들이 있었다. 아치형 기둥이 인상적인 이곳에는 페소아에 대한 다양한 서적과 굿즈가 있었다. 또 서점 안쪽에는 작은 카페가 있는데 카페 이름이 심지어 페소아 카페이다. 나는 한참을 구경하다가 페소아의 글귀들이 적힌 작은 무지 노트 한 권을 발견했다. 내용은 같지만 포르투갈어로 된 것과 영어로 된 것 두 종류가 있었다. 영어로 된 노트 한 권을 들고 계산을 하려는데 나이 지긋한 여자 직원은 나를 보더니 크고 경쾌한 목소리로 "올라!" 하고 인사를 했다. 그녀는 내가 리스본에서 처음으로 만난 사람(포르투갈인)이다.

어제 택시 기사 일도 있었고, 사실 나는 사람을 만나는 것에 약간 긴장하고 있던 중이었다. 몇 주 전부터 중국에서 코로나 바이러스가 급격하게 퍼지기 시작했다. 아직 우리나라에 확진자가 많지 않았고 유럽에는 거의 없는 상황이었다. 하지만 유럽인들은 아시아인들을 구별하기 힘드니 무조건 피하고, 심지어 인종 차별적 행동도 서슴지 않는다는 뉴스가 여기저기서 들려왔다. 남편과 엄마도 이런 상황에 꼭 여행을 가야겠냐며 취소를 권유했더랬다. 행여나 아이들이 그런 상황을 겪는다면 상처받지는 않을까 티는 내지 않았지만 혼자 이래저래 걱정이 많았다. 그런데 그녀의

경쾌한 인사가 나의 모든 긴장과 경계심을 해제시켜 주었다. 서점을 나와 아이들과 시아두 시내를 구경하며 호시우 광장까지 걸어갔다. 다리도 조금 아프고 전망이 좋아서 우리는 공원 카페에서 잠시 쉬기로 했다. 커피와 음료를 다 마시고 가려는데 남자 직원은 우리를 보고 "Thank you, Have a nice day."라며 상냥한 미소를 지었다. 그게 뭐라고 왜 이리 듣기 좋고 고마울까.
'짧은 인사 한마디가 이렇게 사람을 기분 좋게 만드는 힘이 있구나.'
나도 그 이후부터는 카페나 식당, 상점에 들어갈 때마다 먼저 웃으며 인사를 하기 시작했다. 포르투갈 사람들은 관용적이고 친절하다는 글을 읽었는데 여행 중에 만난 현지인들은 정말 눈만 마주쳐도 웃어 주는 사람들이 참 많았다.

포르투갈 군밤 한 봉지 먹어 봐~

호시우 광장 Praça do Rossio

리스본의 중심에 있는 호시우 광장. 페드루 4세의 동상이 있어 페드루 4세 광장 Praça de D. Pedro IV 으로도 알려져 있다. 대항해 시대를 기리는 듯한 파도치는 모자이크 바닥이 인상적이다. 일일이 손으로 자른 흰색, 검은색 돌로 만들어졌다. 브라질 리우데자이네루의 유명한 코파카바나 산책로의 모델이기도 하다.

기차역과 극장, 많은 상점과 식당이 있어 관광객뿐 아니라 현지인에게도 인기 있는 장소다.

유독 우리의 눈을 사로잡은 거리의 군밤 장수. 한국과 비슷하게 포르투갈에서도 군밤이 국민 간식인가 보다. 카스타냐 아사다Castanhas assadas(구운 밤)라고 불리는데 원래는 모닥불에 구워 먹는다고 한다. 우리나라와 다른 건 구울 때 소금을 넣어 간이 배어 있다는 것. 한 봉지에 2.5유로로 신문지나 종이 봉지에 담아 주는데 아이들과 함께 거리를 거닐며 먹기에 적당하다.

리스본 모자이크 수업
Lisbon Mosaic class

포르투갈스러운 무언가를 한번 배워 봅시다.

한 번도 미술 학원에 다닌 적이 없는 민유는 나의 이런 제의를 무척이나 반가워했다. 이곳에서 가장 인기 있는 수업은 당연 '아줄레주 타일 그리기'와 '에그타르트 만들기'이다. 아줄레주 수업은 타일에 스케치를 하고 직접 색을 칠해서 가져가는 수업으로 포르투갈을 대표하는 아줄레주를 경험한다는 것, 게다가 좋은 기념품까지 생긴다는 것이 장점이다. 하지만 수업 내용을 자세히 보니 대부분 강사가 제공하는 도안을 그대로 옮기고 채색을 하는 것이라 일률적이고 지루할지도 모른다는 생각에 잠시 고민이 되었다. 에그타르트 또한 체험이라기보다는 참여 또는 관람 후 시식이라서 일찌감치 낙선.

그런던 중에 '모자이크 타일' 수업이 눈에 띄었다. 원하는 타일을 쪼개서 모자이크로 붙이는 방식인데, 아이가 하기에 어렵지 않아 보였고 만드는 사람에 따라 각각 다른 결과물이 나오는 것도 마음에 들었다.

수업은 오후 3시부터 6시까지. 당일 오전이 되자 강사인 아이린Eileen에게 메시지가 왔다. 간단한 수업 시간과 택시를 타고 올 경우 내리는 위치를 알려 주는 내용이었다. 우리는 10분 정도 이른 시간에 스튜디오에 도착했고 아이린은 친절하게 수강생들을 맞이했다. 수업은 여덟 명 정원으로, 수강생들은 두 테이블로 나눠 앉았다.

선생님은(이름 대신 선생님이라는 호칭으로 대체) 수업을 시작하기 전에 간단하게 자기소개를 돌아가면서 하자고 했다. 에구. 만들기라서 영어를 못해도 부담감 없이 할 수 있을 거라 생각했는데 시작하자마자 영어 말하기 수업이 될 줄이야. 독일에서 온 의사 엄마와 아들, 영국에서 온 여행객, 더블린에서 어학을 마친 한국인 여성 등 줄줄이 자기소개가 끝나고 드디어 내 차례가 왔다. 일단 두 딸을 소개하고 간단히 내 소개를 했다. 물론 더듬더듬…. 끝으로 아이들이 입고 있는 옷을 내가 만들었다고 하니 모두의 칭찬이 이어졌고 덕분에 긴장했던 마음까지 풀렸다.

수업은 간단하면서도 동시에 힘이 들었다. 먼저 나눠 준 고글을 쓰고 원하는 타일을 골라 도구를 사용하여 잘게 쪼갠다. 그런 다음 정어리 Sardines 모양의 나무판 위에 붙인 후 한번 굽는다. 구운 완성품은 조금 다듬어 포장을 하면 수업 종료!

우리 중 가장 수업에 적극적인 사람은 민유였다. 타일을 고르는 것 자체가 재밌는지 거침없이 이것저것 고른 후 배열을 했다. 덕분에 선생님과 다른 수강생들에게 가장 많은 칭찬을 들은 사람도 민유였다. 한편 타일 쪼개는 건 생각보다 힘과 노동을 요하는 작업이었다. 혹시 (다칠지) 몰라 민유 것까지 내가 깨 주었다(체험인지 노동인지). 쉬는 시간에는 에그타르트와 커피를 나눠 주셨는데 잠깐 쉬면서 보니, 다른 사람들이 너무나 잘 만들어서 깜짝 놀랐다. 나름 속으로 미대생 출신이라고

자부하며 만들고 있었는데 '세상에, 이건 내 것이 제일 별로잖아.'
누가 한국인들은 꼼꼼하고 손재주가 좋다고 했지? 그라데이션처럼 서서히 변화 있게 타일을 붙인 사람, 세로 줄무늬로 일정하게 붙인 사람, 그중 가장 인상적인 것은 독일인 의사의 작품. 수술하듯 모든 타일을 작은 동그라미로 재단해 놓은 것이 아닌가!
시작 전에는 세 시간이나 되는 수업이 지루하지는 않을까? 더 빨리 끝나지는 않을까? 대충 시간이나 때워야겠다 생각했는데 막상 하다 보니 재밌고 경쟁심까지 생겨서 성격에 맞지 않게 너무 열심히 해버렸다.

수업을 시작할 때만 해도 환한 낮이었는데 수업을 마치고 나오니 어느덧 밤이 되었다.

문어의 맛
POLVO ASSADO

"우리, 아빠 없을 때 해산물 많이 많이 먹자!"

여행 오기 전 아이들과 들뜬 마음으로 나눴던 대화이다. 눈 달린 생물체를 먹는 것이 무섭다는 남편은 생선을 비롯한 해산물을 싫어한다. 덕분에 평상시에 자주 먹지 못하니 리스본에서 잔뜩 먹고 오자고 약속했다.

리스본에 오면 제일 먼저 먹고 싶은 음식은 문어였다. 우리나라에 비해 비교적 저렴한 가격에다 맛이 부드럽고 쫄깃하다는 소문을 익히 들어서인지 하루라도 빨리 영접하고픈 마음이 가득했다.

타일 수업을 마치고 저녁에 찾아간 레스토랑에서는 졸려 하는 민유 때문에 문어를 코로 먹는지 입으로 먹는지 모르게 부랴부랴 식사를 끝마쳐야만 했다. 어찌나 아쉬운 마음이 컸는지 그날 저녁 아이들이 잠든 후, 열심히 검색해서 문어가 맛있다는 식당을 예약했다. 문 여는 시간에 맞춰 식당에 도착한 우리는 일등으로 착석.

우리를 시작으로 홀은 금방 손님으로 가득 찼다. 스타터로 빵과 새우를, 메인은 문어와 리조또를 주문했다. 유쾌한 분위기의 능숙한 여성 담당 서버가 어찌나 친절하던지 내가 사진 찍는 것을 보고 자신이 직접 우리를 찍어 주겠다고 했다. 개인 접시를 부탁하자 나눠 먹을 거냐고 물은 후, 문어와 리조또를 각각 두 접시로 만들어서 가져왔다. 민소는 새우 소스에 빵을 한번 찍어 먹고는 너무 맛있다며 감탄했다. 민유는 빵까지는 잘 먹었지만 새우는 하나를 미처 다 못 먹었다. 드디어 메인인 문어와 리조또가 나왔다. 민소는 물론, 입이 짧은 나까지 입안에서 살살 녹는 문어에 정신이 나가 바닥이 보일 때까지 쉬지 않고 포크질을 했다. 반면 민유는! 입맛이 없다며 먹는 둥 마는 둥. 포르투갈 음식은 한국인들 입맛에 잘 맞는다고 해서 걱정을 안 했는데 민유가 도무지 먹지를 못해서 살짝 고민이었다.

여하튼 무척이나 만족스러운 식사를 마친 우리는 여기서 디저트까지 주문할까 고민하다가 또 다른 카페를 방문하고픈 욕심에 소정의 팁을 놓고 레스토랑을 나왔다. 담당 서버는 문 앞까지 배웅해 주었다. :-)

잘 먹었습니다. 감사합니다.

Frade Dos Mares Av. Dom Carlos i 67-2, 1200-267 LIsboa

문어는 할머니 국이 최고
grandma's best octopus soup

포르투갈 대표 음식들
famous foods in portugal

바칼라우 Bacalhau

소금에 절여 말린 대구.
이틀 정도 물에 담가 소금기를 뺀 후 요리한다. 올리브오일과 마늘을 넣어 굽고 삶은 감자를 곁들여 먹는다.

프란세지냐 Francesinha

'작은 프랑스 공주'라는 뜻의 전통 음식. 크로크무슈 같은 느낌인데 햄, 소시지, 치즈가 가득하다. 칼로리 갑. 맥주와 함께 먹는다.

사르지냐 Sardinha

5~8월이 제철인 정어리를 숯불에 구워 먹는다. 6월 성 안토리오 축제 때 가장 많이 먹고 성인의 날 꼭 먹는다고 한다.

뽈보 Polvo

문어를 삶거나 데쳐서 만든 요리인데 무척이나 부드럽고 쫄깃하다. 개인적으로 바칼라우보다 뽈보가 훨씬 좋았다.

포트 와인 Poto wine

어떤 음식에도 심지어 에그타르트와도 곁들이기 좋다.

쿠버트 Couvert

빵과 버터. 식당에서 기본으로 제공되지만 무료가 아닌 경우가 대부분. 먹지 않으려면 거절해야 한다.

아호스 드 마리스쿠 Arroz de marisco

보통 '해산물 밥'이라고 부른다. 여러 가지 해산물과 토마토소스, 쌀을 섞어 만든 (국물 자작한) 리조또 같은 음식.

그들만의 세상
카페 아 브라질레이라
CAFÉ A BRASILEIRA

이른 아침. 아이들을 깨워 일찍 외출할 채비를 했다. 평소 때는 천천히 느긋하게 호텔에서 아침을 만들거나 사 와서 먹었지만 오늘은 꼭 갈 데가 있었다.
'카페 아 브라질레이라 Cafe A Brasileira'
리스본에서 가장 유명한 이 카페는 포르투갈의 국민 작가인 페르난두 페소아의 단골 카페이다. 때문에 언제나 많은 손님들로 북적이니 그나마 아침에 방문하는 것이 조금이나마 여유롭게 그곳을 즐길 수 있는 방법이다. 카페 앞에는 유명한 페소아의 동상이 있는데 우리가 갔을 때는 아쉽게도 전면 도로가 모두 공사 중이라 볼 수가 없었다. 그뿐만 아니라 페소아의 집도 공사로 인해 휴관 중이었다. 몇 년 사이 기하급수적으로 늘어난 관광객 때문인지 리스본은 곳곳에 보수 공사가 한창이었다.

시간을 잘 맞췄는지 카페 안은 아직 여유로웠다. 간단하게 아침 식사를 할 요량으로 크루아상과 오믈렛을 주문했다. 주문한 음식은 더디게 나왔고 맛은 불행하게도 별로였다. 하필이면 바로 전날 저녁 우리는 다른 식당에서 비슷한 메뉴를 먹었는데 그곳과 너무나 확연히 비교되는 맛이었다. 민소는 구글 검색을 해 보더니 평점이 3점대라며 불만을 토로했다. 나는 열심히 페소아에 대해 설명하고 변명을 해보았지만 관심이 없는지 별 효과는 없었다. 그러면서도 페소아의 상징인 모자와 안경이 그려진 옷은 서로 사 달라고 졸라 댔던 아이들이다.

1905년 오픈한 카페는 페소아의 단골 카페라는 것 외에도 당대 최고의 지성인들과 예술가들의 아지트로 유명했다. 파리의 지성들이 모였던 '카페 드 플로르'나 '카페 레 되 마고' 정도로 생각하면 된다. 아이들이 실망한 것도 이해는 된다. 카페는 생각보다 작고, 고급스러운 인테리어로 유명하다고는 하나 이미 그런 곳은 많이 보았던 터라 큰 감흥이 생기지는 않는다. 하지만 이곳에 방문하기 전, 페소아의 전기나 그가 쓴 책을 읽고 온다면 느낌은 살짝 달라질 것이다. 또한 '굴벤키안 박물관'에서 페소아의 초상화와 카페를 풍경으로 한 그림을 먼저 보고 오는 것도 카페 아 브라질레이라를 음미할 수 있는 좋은 방법이다(단 음식은 되도록 주문하지 말고 커피만 간단하게 마실 것을 권합니다).

페소아의 도시

한때 대항해 시대를 주도했던 포르투갈은 20세기에 다다르자 오랜 독재로 다른 유럽 국가에 비해 많이 뒤처지게 되었다. 하지만 문학에서는 세계가 인정하는 많은 작가를 배출했다. 시인 루이스 드 카몽이스를 비롯해 노벨 문학상을 수상한 주제 사라마구 (눈먼 자들의 도시의 저자), 그리고 우리나라에도 많은 팬층을 확보하고 있는 페르난두 페소아가 있다. 페소아는 사후에 더욱 유명해진 작가 중 한 명이다.

페르난두 페소아는 1888년 리스본에서 태어났다. 다섯 살 때 아버지가 결핵으로 사망했고, 이듬해 1월 남동생도 죽었다. 어머니는 재혼했는데 양아버지는 외교관이었다. 가족은 남아프리카 더반(당시 영국의 식민지)으로 이주했다. 그곳에서 페소아는 빠른 속도로 영어를 배웠고 영문학에 재능을 보였다. 대학에서는 논문상을 타고 소설과 에세이가 잡지에 실리기도 했다.

열일곱 살 무렵 외교를 공부하기 위해 리스본으로 돌아오지만 혼란한 포르투갈의 정치적 상황으로 대학 생활을 1년 만에 그만두고 무역회사에 취직한다. 그는 할머니가 남긴 유산으로 짧게나마 자신의 출판사 엠프레자 이비스 Empreza Ibis를 설립해 운영하지만 일 년을 채우지 못하고 문을 닫았다. 그래도 잡지에 평론을 싣고 지인들과 모더니즘 잡지 <오르페우 Orpheu>를 창간하는 등 꾸준히 집필 활동을 이어갔다.

그는 생전에 영어로 된 책 네 권과 단 한 권의 포르투갈어 책을 출판했을 뿐이다. 47세인 비교적 젊은 나이에 그가 죽고 난 후, 트렁크에서 수만 장의 원고가 발견되었다. 그 원고들을 모아 선보인 책이 많은 이들에게 사랑을 받게 되었고 그의 80여 개가 넘는 이명은 신화처럼 회자되고 있다.

여름날 긴긴 저녁 도심의 고요를,
특히 하루의 가장 북적이는 시간과
대조를 이루어 더욱 고요하게 느껴지는 순간을 사랑한다.
아르세날 거리와 알판데가 거리. 알판데가 거리가 끝나는 곳에서
동쪽으로 뻗어 나간 슬픈 거리들, 조용한 선창가를 따라 이어진 길.
그 저녁때 그 적적한 거리들을 걷노라면
그것들이 자아내는 슬픔이 나를 위로한다.
나는 지금 내가 사는 시대보다 앞선 과거의 시대를 살고 있다.

페르난두 페소아 《불안의 서》 중

페소아의 흔적을 찾아서
finding Fernando Pessoa

페르난두 페소아의 집 페소아가 1920~1935년까지 15년간 살았던 곳. 문화센터로 개관되어 작품 및 소장품이 전시 중이다.
R. Coelho da Rocha 16 Lisboa

카페 아 브라질레이라 페소아의 단골 카페. 1905년에 문을 연 이곳은 당대 최고의 지성인들의 아지트로도 유명했다.
R. Garrett 122, 1200-273 Lisboa

페소아의 청동상 '카페 아 브라질레이라' 앞에 있다. 빈 의자가 함께 조각되어 있어 기념사진을 찍는 사람들이 많다.
R. Garrett 122, 1200-273 Lisboa

베르트랑 서점 리스본에서 가장 오래된 서점으로 페소아의 다양한 책을 판매한다. 포르투갈어 책 외에 영어책과 동화책도 있어 현지인과 관광객 모두에게 사랑받고 있다.
R. Garrett 73 75, 1200-203 Lisboa

옴므 아 페소아 동상 페소아가 태어나 다섯 살까지 살았던 건물 앞 청동상. 약 4m 높이로 머리는 책으로 되어 있는 남자의 형상에 책 표지에는 '리스보아, 페소아'라고 적혀 있다. 페소아 탄생 120주년을 기념해 2008년 제작되었다.
R. Serpa Pinto 8-10, 1200-443 Lisboa

페소아의 무덤 제로니무스 수도원 회랑 1층 북쪽에 있다. 1985년에 페소아가 죽은지 50년 되는 해 기념으로 이곳에 옮겨졌다. 추모비에는 이명으로 쓴 발췌문이 적혀 있다. 조각가 라고아 엔리크스에 의해 디자인되었다.
Praça do Comércio 3, 1100-148 Lisboa

마르티노 다 아르카다 페소아는 이 식당에서 작품을 썼다. 그가 가장 좋아하는 요리는 수프, 대구 및 치즈와 튀긴 계란이었다. 식당 내에는 페소아의 사진이 있다.
Praça do Comércio 3, 1100-148 Lisboa

<A Brasileira> do chiado 1928

1920년대 카페 아 브라질레이라의 모습. 당시 젊은 예술가와 작가들이 이곳의 단골이었다. 왼쪽에서 오른쪽으로 Teixeira do Pascaes, Crisovao Aires Fiho, Matos Sequeira, Antonio Soares, Jorge Barradas, Joshua Benoliel, Augusto Ferreira Gomes, 유명한 직원 Joao Franco와 Adolfo Castane.

카페 안 한편에는 신문이나 잡지를 판매하는 가판대가 있다.

어머! 이건 꼭 사야 해
Luvaria Ulisses

길을 걷다가 우연히 찜해 두었던 가게를 만났다. 생각보다 작아서 정말 여기가 맞는지 구글 맵을 통해 확인했는데 이곳이 맞았다. 여행 오기 전에 몇 가지 쇼핑 목록을 생각해 두었는데 1순위가 바로 루바리아 율리시스 Luvaria Ulisses 수제 가죽장갑이다. 두 명이 들어가면 꽉 차는 가게 벽면에는 장갑 샘플들이 빼곡히 장식되어 있다. 오래전 런던 해크니의 수제 장갑 숍에서 구입한 미들 장갑은 내 애장품 중 하나였다. 삿포로 눈밭에서 한 짝을 잃어버린 후 얼마나 상심이 컸는지 모른다.

이번에는 내 것과 함께 스무 살이 되는 민소에게도 선물해 주려 했다. 뭔가 기념이 될 만한 전통적이면서 어른스러운 것을 사 주고 싶었는데 수제 장갑이 그에 꼭 걸맞았다. 하지만 민소는 필요 없다며 사양했고 해당 사항이 없는 민유만 사 달라고 졸랐다. 결국 장갑은 내 것만 구매하고 가게를 나와야 했다(덕분에 엄마만 산다며 엄청 뿔난 민유).

1925년 문을 연 이곳은 그리스 신화에 나오는 영웅 율리시스(율리시스가 리스본을 만들었다는 전설이 있다.)에서 상호명을 따왔다. 당시 많은 정치인과 예술인 등 상류층에게 사랑을 받았다. 현재는 카를로스 칼라보 Carlos Carvalho 가 운영 중이며 직접 모든 디자인을 하고 있다. 그는 리스본에서 가죽장갑의 전통을 지키는 마지막 가게를 운영한다는 자부심을 가지고 있다. 그래서 AS는 평생 무료이며 영수증도 필요 없다고!

R. do Carmo 87 A, 1200-093 Lisboa

리스보아 카드 개시
LISBOA CARD/FEEL THE CITY

리스보아 2일권을 구입했다.

리스보아 카드를 사용하면 주요 박물관, 미술관이 무료고 대중교통도 무제한으로 이용할 수 있어 좋지만, 아이의 경우 짧은 시간 내에 많은 곳을 다니다 보면 지치기 쉬워 자칫 역효과를 낼 수 있다. 다른 유럽 도시들이 그렇듯 리스본도 시내가 크지 않아서 웬만한 곳들은 도보 관광이 가능하고, 우버 택시의 경우 사용이 편리하며 가격도 세 명 버스비와 비슷해서 굳이 대중교통을 이용할 필요가 없었다.

그래도 마음 가는 대로 트램이나 버스를 타고 가고 싶은 미술관을 무료로 들어갈 수 있으니 확실히 매력적이며 경제적이긴 하다. 1일권은 짧고 3일권은 정말 힘에 부칠 것 같아서 2일권을 구입했다. 제일 먼저 가고 싶은 곳은 예쁜 타일이 가득한 아줄레주 박물관.

국립 아줄레주 박물관
Museu Nacional do Azulejo

'반짝반짝 빛나는 작은 돌'이라는 뜻의 아줄레주 Azulejos는 포르투갈을 여행하다 보면 어디서나 눈에 띄는 건물 벽 장식이다. 16세기 무어인이 지배하던 스페인에서 포르투갈로 전해졌고 지금은 포르투갈을 대표하는 예술 작품이 되었다.

여행이 흥미로운 건 리스본에 오기 전까지 우리는 아줄레주를 듣도 보도 못했는데 이곳에 와서 가장 궁금했고 인상 깊었던 곳이 바로 아줄레주 박물관이라는 것이다. 아무런 의미도 없었던 것이 하나의 세상으로 다가온다. 콜럼버스가 원래 존재하던 대륙을 발견하고 기뻐했듯 우리도 이곳의 문화를 발견하고 좋아하게 된 것이 신기하다.

우리는 아줄레주 박물관으로 향하는 버스에서 리스보아 카드를 개시했다. 내리는 역을 놓칠 뻔했지만 다행히 버스가 신호에 걸렸다. 혹시 지금 내릴 수 있냐고 물으니 버스 기사가 어디에 가냐고 했다. 아줄레주 박물관이라고 말하자 그럼 도로를 건너 왼쪽으로 쭉 가면 나온다며 친절히 알려 주었다. 동네 아저씨 같은 푸근한 기사님을 뒤로하고 상쾌한 마음으로 박물관으로 향했다. 거리는 낡고 한산한 전형적인 도시 외곽의 풍경이었다. '이런 곳에 정말 박물관이 있을까?' 강한 의구심이 들었지만 버스 기사님이 알려 준 길을 쭉 따라가니 비밀의 화원에 나올 법한 오래된 문이 보였다. 원래 이곳은 16세기에 지어진 성모 수녀원 건물로 대지진으로 손상되었다가

복구되었다고 한다. 'ㅁ'자 형태의 건물의 중앙은 분수대와 초록 잎사귀 가득한 나무들로 꾸며져 있다.

이곳에는 기대 이상으로 많은 타일 작품들이 전시되어 있었다. 시대별로 정리가 되어 있고 제작 과정에 대한 간단한 설명도 있었다. 거리에서 보았던 타일들과는 또 다른 느낌의 예술적인 아름다운 타일들이 많이 보였다. 동일한 문양을 반복하여 장식한 것, 하나의 주제를 여러 타일에 나눠 그려 모자이크처럼 큰 그림으로 완성한 것, 양감을 표현한 것, 단순한 것, 기하학적인 것, 역사적인 것 등 표현과 형식 모두 다양하고 흥미로웠다. 아치 천장의 클로이스터 cloister 석회 모르타르 lime mortar 회벽, 바로크 양식이 이곳의 아름다움을 배가시켜 주었다. 방문객이 별로 없어서 우리는 마음껏 사진을 찍고 아줄레주를 감상할 수 있었다.

아이들과 한나절을 보내도 전혀 지루하거나 아깝지 않은 시간과 경험이었다.

🟢 아줄레주 종류

아레스타 ARESTA
양감이 있는 아줄레주. 15세기에는 코르다 세카 기법이 발전해서 아레스타 기법이 생겼다. 틀을 만들고 그 안에 부드러운 반죽을 넣어 굳으면 채색을 한다. 이렇게 하면 같은 타일을 계속 생산할 수 있고 채색이 정교하며 마모에도 강하다.

알리카타두 ALICATADOS
가장 오래된 무어인의 타일 제조 방법이다. 우리가 익히 알고 있는 모자이크 타일과 같다. 먼저 타일을 만들고 작은 기하학적 모양으로 자른 후에 다른 색상의 유약을 발라 완성한다. 그런 다음 다양한 패턴으로 디자인한다.

코르다 세카 CUERDA SECA
13세기에 시작한 기법으로 점토에 왁스나 오일에 담근 끈으로 눌러 홈을 만들었다. 이렇게 하면 유약들이 섞이지 않게 칠하기 용이하다.

마졸리카 MAJOLICA, 페이언스 FAYENCE
현재는 가장 보편화된 아줄레주 기법. 16세기에 시작된 아줄레주 기법으로 이탈리아와 스페인을 거쳐 포르투갈에 전해졌다(마졸리카는 마요르카 섬에서, 페이언스는 피엔차에서 파생). 이 기술 혁신은 처음으로 그림 표현을 가능하게 했다. 이미 흰색 유약을 바른 타일에 채색을 하여 견고하게 만드는 기법이다.

🟢 아줄레주 박물관에서 놓치지 말아야 할 것들

리스본의 멋진 전경 Sala de grande vista de Lisboa
18세기 대지진 이전의 리스본 풍경을 담은 대작. 스페인 타일 작가 가브리엘 델 바스코가 제작했다. 36m로 파노라마처럼 길게 만들어진 작품이다. 3층에 위치해 있다.

예배당 Church
바로크 스타일의 매너리즘 교회는 금박과 프레스코화, 아줄레주의 장식으로 숨 막힐 정도로 아름답다.

숙녀의 생애 Nossa senhora da vida
1498개의 타일로 만들어진 아줄레주 초기의 걸작으로 평가받고 있다.

알리카타두 기법

아레스타 기법

마졸리카, 페이언스 기법

블루&화이트 모티프 타일

박물관 관람을 마치고 화장실 가는 길에 발견한 카페는 도저히 그냥 지나칠 수 없는 비주얼이었다. 음료 가격도 저렴해서 우리는 녹음이 짙은 아치형 큰 창 앞에 앉아 잠시 쉬기로 했다. 카운터와 벽면에는 생선, 닭, 야채 등이 그려진 아줄레주로 장식되어 있었다. 모두 18세기 궁전의 부엌에서 사용했던 것들이란다. '아웅! 저도 몇 개 주시면 안 될까요?'

카페에서 꼼짝하지 않고 그림을 그리던 민유. 어떤 풍경을 그렸을까 궁금했는데 어머! 카페 풍경이 아닌 해리 포터를 그리고 있었다.

계단마저 하나의 예술품 같았던, 곳곳이 아름다운 아줄레주 박물관

제로니무스 수도원
이렇게 예쁜 꽈배기가
MOSTEIRO DOS JERONIMOS

벨렝 지구에 위치한 제로니무스 수도원은 여행 전부터 리스본에 오면 제일 먼저 방문하고 싶은 곳이었다. 마누엘 양식의 결정판이라 할 수 있는 이곳은 포르투갈의 부와 명성이 하늘을 찌를 당시에 세워졌다. 마누엘 1세 때 유행했던 마누엘 양식은 기둥이나 입구, 창 등을 주로 장식하는 건축 양식이다. 프랑스나 이탈리아에는 꽃이나 천사 등의 조각물이 많은 반면 포르투갈에는 꽈배기처럼 보이는 매듭, 식물, 어패류 등이 많다. 그건 항해 사업 발달의 영향이라고 한다. 덕분에 다른 유럽에서는 보지 못한 독특한 문양과 장식들을 만날 수 있어 무척이나 흥미로웠다.

16세기에 들어서자 바스쿠 다 가마는 인도로부터 후추를 가지고 들어왔다. 대항해 시대를 연 것이다. 현시대를 살아가는 우리의 입장에서 보면 후추가 뭐 그리 대단한가 싶지만, 당시 유럽에서 향신료 무역은 거대한 시장이었다. 냉장고가 없던 시절, 후추는 고기를 오래 보관할 수 있는 저장의 기능뿐 아니라 약재 즉 의약품으로도 사용되었다. 포르투갈은 홍해를 봉쇄해 시장을 독점했고 국영기업 형태로 왕이 이익의 대부분을 챙겼다. 포르투갈 왕은 유럽에서 가장 부유해졌다. 그 무렵 벨렝은 리스본의 주요 항구였다. 마누엘 왕은 벨렝에 있는 산타 마리아 예배당 자리에 제로니무스 수도원을 지었다. 동방무역의 성공을 신에게 감사한다는 명분을 내세우며 훗날 자신의 사당으로 사용할 목적으로 최대한 화려하고 호화로우며 아름답게 건축했다(당대 최고의 건축가들이 투입되었다).

하지만 포르투갈의 향신료 시장 독점은 높은 폭리로 인해 결국 베네치아 공화국에게 빼앗기고 나라의 주권마저 스페인에게 넘어가게 된다. 그로 인해 공사는 잠시 중단되었다가 1604년 재개되어 제로니무스 수도원은 100년 만에 완성되었다. 수도원의 팡테옹에는 마누엘 1세를 비롯한 왕족의 묘지 외에도 대항해 시대를 연 바스쿠 다 가마, 포르투갈을 대표하는 시인 루이스 드 카몽이스의 무덤도 있다. 현재 벨렝탑과 함께 유네스코 세계 문화유산에 등재되어 있다. 그만큼 유명하기에 제로니무스 수도원은 언제나 관광객이 넘쳐나 들어가는 줄이 아주 길다는 말을 들었다. 우리는 운이 좋았는지 줄 서지 않고 바로 들어갔다. 게다가 사람이 별로 없어 사진 찍기에도 아주 좋았는데 요즘 흔히 말하는 인생 사진은 제로니무스에서라고 권해 주고 싶을 정도다. 꽈배기 같은 기둥 장식의 아치 문이 로마 극장처럼 1, 2, 3층으로 반복되어 있는데 익숙하면서도 독특한 분위기가 새롭고도 아름다웠. 난 이곳에 페소아의 묘비가 있다는 말을 듣고 들어가자마자 제일 먼저 찾아보았으나 보이지 않았다. 지나가는 직원에게 물어보니 여기가 아니라며 아치 기둥으로 연결된 회랑의 아케이드로 안내해 줬다. 생각보다 심플하고 간소한 묘비다. 그것이 마음에 들었다. 가방에서 페소아의 책을 꺼내 잠시 그의 글들을 들여다보았다.

"나는 내 안의 수심을 재고 있다가 측량기를 떨어뜨려버렸다. 그래서 매일매일 나에게 묻는다. 나는 과연 깊은가 깊지 않은가. 이제 내가 가진 측량기는 내 시선뿐이다."

그때 뒤에서 들리는 깔깔거리는 아이들의 웃음소리. 아이들은 서로 머리를 따 주고 사진을 찍느라 정신이 없었다. 뭐가 그리 웃긴지 민유는 뒤로 넘어갈 기세다. 나도 그런 아이들이 재밌어서 연신 셔터를 눌렀다.

이렇게 아름다운 배경을 두고 사진을 찍지 않을 수 없지.

"혹시 한국 분이세요?"

대학생처럼 보이는 한국 여성이 핸드폰을 주며 사진 촬영을 부탁했다. 그녀는 이미 구도까지 생각했는지 사진 찍을 정확한 위치까지 지정해 주었다. 그리고 우리 사진도 찍어 줬는데, 세상에~ 너무 마음에 들었다.

사진 부탁은 한국인에게 해야 한다는 말은 역시 틀린 말이 아니었다.

🟢 제로니무스 수도원에서 놓치지 말아야 할 것들

바스쿠 다 가마의 무덤 Vasco da Gama
성당 내부에 위치한다. 시인 카몽이스의 무덤과 마주 보고 있다. 화려한 밧줄, 덩굴, 포르투갈 깃발이 달린 배 장식이 멋스럽다.

세바스티앙의 무덤 Sebastiao
16세기 포르투갈의 왕 세바스티앙의 죽음은 사실상 대항해 시대가 끝났음을 의미했다. 그 후 포르투갈은 스페인의 지배를 받는다. 무덤의 맨 아래는 코끼리 두 마리가 받치고 있는데 포르투갈이 아프리카까지 진출했다는 것을 의미한다.

발견 기념비 Padrão dos Descobrimentos

대항해 시대의 업적을 기리는 기념비다. 52m 높이로 전망대에서 바라보는 테주강과 '바람의 장미'가 장관이다. 강을 향한 앞쪽에는 엔히크 왕자를 필두로 33명의 인물이 실물 크기로 조각되어 있다. 대부분 실제 탐험가와 항해가들이며 그 외 선교사나 수학자, 작가들도 있다. 모두 대항해 시대에 공을 세운 인물들이다.

바람의 장미 Compass Rose

발견 기념비 뒤의 커다란 광장에는 직경 50m의 커다란 나침판이 그려져 있다. 나침판에는 세계 지도와 포르투갈의 항로, 그들이 발견하고 정복했던 지명들이 있다. 대부분의 관광객들이 지도 위를 걸어다니며 자신의 나라를 찾아 기념사진을 찍는다.

벨렝탑 Torre de Belem

'테주강의 귀부인'이라 불리는 벨렝탑은 얼핏 보면 체스의 말 같기도 하다. 제로니무스 수도원과 함께 마누엘 양식의 걸작으로 꼽힌다. 1515년 프란시스쿠 드 아후다 Francisco de Arruda 가 리스본 항구를 방어하기 위해 설계했다. 3층 구조로 외세로부터의 방어와 증축을 반복한 역사적 산물이다. 1층은 한때 감옥으로도 사용되었다. 오늘날에는 결혼식 장소로도 인기가 많다.

에그타르트의 유래
egg Tart History

수녀원에서는 캡과 옷에 풀을 먹이기 위해 달걀 흰자를 사용했다. 이에 많은 달걀이 필요했는데 그만큼 남은 노른자도 많았다. 노른자를 처리하기 위해 개발한 것이 에그타르트다. 비밀 레시피로 남아 있다가 19세기 초부터 제로니무스 수도원의 옆 상점에서 판매하기 시작했다.

3대 에그타르트 맛집
top 3 most famous egg tarts

만데가리아 Manteigaria
우연찮게 가장 많이 방문한 곳. 투명한 유리 너머로 만드는 과정을 볼 수 있어 더 인기가 많은 것 같다. 리스본에 몇 개의 매장이 있는데 그중 바이사 지구에 있는 곳이 특히 클래식하고 아름답다. 1유로로 고급 음식을 사먹는 기분이 든다.
Rua Augusta 195-197, Baixa, 1100-619 Lisboa

파브리카 다 나타 Fabrica da Nata
'에그타르트 공장'이라는 뜻의 파브리카 다 나타는 인테리어가 깔끔하고 포르투갈스럽다. 리스본, 포르투, 신트라에 각 지점이 있다. 리스본에는 호시우 광장에 있고, 포르투에는 상 벤투 역 건너편에 있어 찾기 쉬워 여행객들에게 인기가 많다. 샌드위치 세트 메뉴도 있는데 빵과 샌드위치의 맛도 훌륭하다.
Praça dos Restauradores, nº 62-68 1250-110 Lisboa

파스테이스 드 벨렝 Pasteis de Belem
리스본 최고의 에그타르트 맛집으로 통한다. 바로 옆 제로니무스 수도원에서 비밀 레시피를 전수받아 1837년 문을 열었다. 항상 기다리는 줄이 길지만 포장 주문은 빠르게 받을 수 있다.
Rua de Belém nº 84 a 92, 1300 – 085 Lisboa

밤을 가르는 28번 트램
NIGHTSCAPE OF LISBON

오전부터 관광객 모드로 평소답지 않게 너무 열심히 다녀서였을까? 오후 5시가 되자 아이들은 너무 피곤하다며 이제 집에서 그림이나 그리며 놀자고 했다. 숙소에 도착하자마자 약속이나 한 듯 모두 침대로 향했다. 1시간 정도 잤을까? 제일 먼저 잠에서 깬 나는 이대로 시간을 보내기가 아까워서, 솔직히 말하면 리스보아 카드가 아까워서 아이들을 깨웠다. "우리 야경 보러 가자. 야경 보고 맛있는 것도 먹고!" (아이들은 야경보다는 맛있는 거 먹자는 말에 눈이 번쩍!)

'리스본에서는 28번 트램만 타면 된다.'는 말은 너무나 유명하다. 주요 관광지를 대부분 통과할 뿐 아니라 클래식하고 노란 컬러가 너무 예뻐서 꼭 한번 타 보고 싶은 소망이 생긴다. 하지만 그만큼 인기가 많고 줄이 무지 길다. 한 칸짜리 짧은 트램이라 한 시간을 기다렸다가 탔다는 후기가 심심찮게 들린다. 트램의 기점에서 줄을 서야 한다는 정보부터 트램의 종점에서 타야 한다는 팁까지 있다. 한편으로는 28번 트램에 집착하지 말자는 사람들도 있다. 알파마 지구 언덕은 12번 트램도 비슷한 노선이고 또 걸어가는 것도 나쁘지 않다는 의견이다. 오히려 골목을 걸어가면서 느끼는 정취가 더 좋다는 것이다. 나는 후자 쪽이다(기회가 되면 타는 거지 한 시간 넘게 줄을 서는 것은 아이 둘 데리고는 무리).

구글 맵에서 '산타루치아 전망대'를 검색해 보니 근처 정류장에서 28번 트램을 타라는 노선 정보가 떴다.

"일단 정류장에 가 보고 줄이 길면 그냥 우버를 타자!"

아이들도 우버라는 차선책이 마음에 들었는지 순순히 길을 나섰다. 그런데 정류장 앞은 예상과 다르게 적막하다 못해 을씨년스러웠다. 중년 여성 한 분만 서 있었는데 이 정류장이 28번 트램의 알파마 가는 방향이 맞냐고 물으니 자신도 관광객이라 모른다고 했다. 5분 정도 기다리니 트램이 도착했다. 시간대를 잘 맞췄는지 트램 안은 붐비지 않았다. 나무 의자에 앉아 창문 너머로 보는 리스본의 풍경이 새로웠다. 바깥 거리와의 간격이 무척이나 좁아 길 가는 사람들과 악수도 할 수 있을 것 같았다. 가파른 언덕길을 오르자 자다가 나온 것이 내내 못마땅했던 아이들도 비로소 웃으며 즐거워했다.

산타루치아 전망대에 도착했음을 알리는 버스킹 기타 소리가 들렸다. 소곤소곤 이야기를 하는 연인들, 혼자 우수에 젖어 담배를 피우는 여인, 맥주를 마시며 야경을 즐기는 청춘들…. 밤의 전망대 풍경은 여유롭고 이국적이었다. 상상했던 딱 그런 풍경이 눈앞에 펼쳐졌다.

"엄마, 다 봤어(= 볼 게 없어)!"

이것들아! 트램에서 내린지 5분도 되지 않았다. 이런 곳은 아이들과 함께 오기보다는 친구나 남편과 오면 좋으려나? 맥주 한 캔 마시며 도란도란 이야기라도 나누고 싶은데 말이다. 아쉬움을 뒤로하고 우리는 언덕 위쪽으로 걸었다. 야경이 아름답기로 유명한 포르타스 두 솔 광장을 무심히 지나 골목을 가로질렀다.

"엄마 어디 가?"

"조금만 더 가면 나와. 진짜 예쁜 카페에서 맛있는 거 사 줄게."

전망 좋은 카페 가라젬
Teatro da Garagem

언덕에 위치한 카페는 SNS를 뜨겁게 달군 사진 맛집, 마치 스타 같았다. 가장 인기 있는 시간대는 해 질 녘이고 대부분의 사람들이 큰 창 너머 보이는 리스본의 풍경을 배경으로 인물 사진이나 카페에서 그린 그림을 찍어 올렸다. 해 질 녘은 아니지만 야경 역시 무척이나 아름다울 거라 기대하며 카페 문을 열었다. 언덕길 오르는 것도 힘들었는데 밤길이라 살짝 헤매서 아이들의 기분이 다시 저조했다. 짜잔~ 문을 열고 창가에 자리를 잡았다. 밤이라 그런지 손님은 우리 외에 한 테이블의 손님밖에 없었다. 음식이 나올 동안 카페 입구 쪽 전시를 관람했다. 한쪽 면은 통창이고 다른 쪽 면은 거울이라 어디에 앉더라도 리스본의 풍경이 잘 보인다. 이곳은 'Teatro da Garagem'이라는 극단에 속한 카페다. 꽤 실험적이고 예술적인 공연으로 지역 사회와도 활발하게 소통하고 있단다. 때문에 카페에서는 종종 시 낭독회나 재즈 콘서트 등 작은 독주회가 열린다고 한다. 공연 전후 가벼운 식사나 음료를 마시기 위해 만들어진 카페가 관광객들에게 유명한 핫스폿이 되다니 참 아이러니하다. 물론 따님들은 산타루치아 전망대에서 그랬듯 야경에는 별 관심이 없었다. 심지어 샌드위치도 한두 입 먹더니 손을 저었다. 오히려 카페 앞 골목길에서 만난 고양이, 창가에서 흘러나오는 아이의 노랫소리를 더 좋아했다. 우리는 카페 안에서보다 그 앞 골목에서 시간을 더 오래 보냈다.

늦은 밤의 외출. 리스본의 골목은 조용하고 인적이 드물었다. 하지만 여자 세 명이 다녀도 위험하다는 느낌은 들지 않았다. 간혹 마주치는 사람도 친절하게 인사를 해서 안심이 되었다.

극단에 속해 있는 카페 가라젬. 카페에서는 종종 시 낭독회나 콘서트 등 작은 독주회가 열린다. 카페 옆 작은 공간에서는 전시를 하고 있었다.
Costa do Castelo 75 1100-178 Lisboa

우리는 자매입니다. 상 조르즈 성
CASTELO DE S. JORGE

푸른 하늘 은하수~

5분 전까지 싸웠던 아이들이 맞는지. 혼자 주변 경관을 사진 찍고 자리로 돌아오니, 아이들은 노래를 읊조리며 쎄쎄쎄를 하고 있었다. 불과 몇 달 전까지만 해도 둘은 다른 세상에 살고 있었다. 4학년인 민유는 방과 후에는 놀이터나 집에서 대부분의 시간을 보냈고, 고3인 민소는 학교에 학원에 독서실에 갔다 밤 1시가 넘어서야 집에 들어왔다. 당연히 서로 얼굴 볼 시간도 대화할 시간도 부족했다. 그런데 여행을 오니 자매는 24시간 밀착 생활을 하며 잘 때도 심지어 한 침대에서 잔다. 여행은 서로의 장단점을 투명하게 볼 수 있는 셀로판지 같다. 비교 대상이 언니밖에 없어서일까? 민유는 언니를 너무 좋아하고 부러워하면서도 때론 질투를 한다. 민소 또한 동생을 한없이 귀여워하면서도 한편으로는 귀찮아할 때가 있다. 그래서 여덟 살 차이인데도 불구하고 종종 투닥투닥 다툰다. 그날 밤 잠자리에 들기 전 내가 물었다.

"그런데 아까 둘이 왜 싸웠었지?"

"몰라!" 둘은 침대에 누워 신나게 성에서 본 동물들 이야기만 한다. 공작이 정말 날아서 깜짝 놀랐다며 떠들고, 성 아래 악어는 언제까지 살았냐고 묻고, 고양이를 키우면 안 되냐고 조르고….

'너희 둘, 친자매 맞나 봐.' (둘이 너무 다르다고 생각했는데 닮았네.)

성을 지키는 사자상 by minso

상 조르즈 성은 기대보다 훨씬 좋았다. 계획에 없었는데 길을 걷다가 민유가 멀리
보이는 성을 가리키며 "엄마, 저기 가고 싶어." 해서 즉흥적으로 올라간 곳이었다.
길은 생각보다 골목길에다 높았지만 성벽을 위시한 소나무 아래 전망은
근사했다. 아이들도 이곳에서 바라본 노을 진 리스본의 오밀조밀한 풍경만큼은
아름답다며(야경 볼 때와 전혀 다른 반응) 한참을 머물렀다.
이곳은 공주가 살았던 궁전이라기보다는 외세의 침략을 막아내는 요새라고
하는 것이 맞다. 한때 궁전으로 사용된 곳도 있었지만 대지진으로 파괴됐다.
기원전 만들어진 이곳은 요새에서 성으로, 성에서 감옥과 병영으로 사용되며 긴
역사만큼이나 파란만장한 리스본의 영광과 상처가 담긴 곳이다.

카페 가라젬에서 본 리스본 풍경

리스본행 야간열차

낯익은 제목에 이끌려 포르투갈 여행을 며칠 앞두고 영화를 먼저 보았다.
애절한 남녀 간의 사랑 이야기일 거라 예상했다. 그렇지만 이야기는 생각보다 묵직하고 여운이 남는 포르투갈의 아픈 현대사가 담겨 있었다. 다녀와서는 파스칼 메르시어의 동명 소설을 읽었다. 스위스 베른의 다리 위에 서 있던 여성을 우연히 구해 주고 충동적으로 리스본행 야간열차를 타게 되는 그레고리. 그는 깊은 학문적 소양을 갖춘 고전문헌학 교수다. 리스본에 도착한 후에는 우연히 손에 들어온 책의 저자인 프라두의 흔적을 찾아 나선다. 프라두는 엄혹하던 살라자르 독재 정권 치하에 존경받는 의사이자 시인이며 저항 운동가이고 고뇌하는 젊은 지식인이었다.
"우리가 우리 안에 있는 것들 가운데 아주 작은 부분만을 경험할 수 있다면, 나머지는 어떻게 되는 건가?" 책은 영화에서는 깊게 보여 주지 못했던 근본적인 인간의 실존에 대한 이야기를 하고 있다. 인생이라는 여행을 우리가 마음대로 할 수 없다는 것, 시작과 끝, 여정에서 만나는 사람들조차 온전히 선택하는 것은 불가능하다. 그레고리의 리스본 여행은 가능성을 찾아가는 여정 같다. 자신의 모습을 발견할 수 있는 일탈이고 인생의 주체가 되기 위한 시도, 스스로의 자아상을 만들고 타인을 이해하기 위한 용기의 여정. 그 속에서 모르고 있었던 포르투갈의 아픈 현대사를 알게 되고 밤마다 프라두의 책을 읽으며 존재의 근원적 질문을 던져간다.
리스본에 다시 간다면 꼭 이 책을 가방에 넣어가고 싶다.

카네이션 혁명

'425혁명', '리스본의 봄'으로도 불리며 1974년 4월 25일에 발생한 비폭력 혁명이다. 40년 이상 지속된 살라자르 독재 정권과 지속된 식민지와의 전쟁(아프리카 앙골라, 기니비사우, 모잠비크, 동티모르)에 대한 반발로 발생했다. 좌파 청년 장교들이 쿠데타를 주도했고 시민들도 혁명군에게 카네이션을 주며 지지했다. 군인들은 총을 쏘지 않겠다는 의미로 총구에 카네이션을 꽂았다.

살라자르는 경제학 교수에서 재무 장관이 되었고 1932년 총리에 임명되었다. 골수 엘리트주의자였던 그는 이탈리아 무솔리니를 모델로 독재체제를 만들어 나갔다. 때문에 포르투갈은 점점 빈곤해져갔다. 한때 해양 강국으로 명성을 떨치던 포르투갈은 다른 유럽 국가에 비해 낙후된 국가가 되었다. 이때 많은 이들이 포르투갈을 떠나 이민과 망명의 길을 택했다.

정권에 반대하는 이들은 비밀경찰을 통해 탄압하며 대중에게는 우민화 정책을 펼쳤다. 또한 정치 혐오와 무관심을 부추겼는데 3F 정책이 대표적이다. Futebol(축구), Fatima(종교), Fado(파두)를 적극 지원했다.

혁명은 성공적으로 끝을 맺었다. 포르투갈은 마카오를 제외한 모든 식민지에 대한 권리를 포기했고 1976년 총선과 대통령 직접선거가 실시되었다.

"기아와 전쟁, 옥살이와 고문이
모두 지나간 후,
나는 내 나라가 부드러운 카네이션처럼
만개하는 것을 보았다."

아리 도스 산토스 ARY DOS SANTOS의 노래
포르투갈 레수시타도 PORTUGAL RESSUSCITADO 중에서

주제 사라마구 Jose Saramago

<눈먼 자들의 도시>로 잘 알려진 주제 사라마구 Jose Saramago는 포르투갈을 대표하는 소설가다. 1998년 포르투갈어 작가로는 처음으로 노벨 문학상을 받았다. 주제 사라마구 재단 '카사 두스 비쿠스 Casa dos Bicos'는 코메르시우 광장과 멀지 않은 곳에 위치해 있다. 다이아몬드가 뾰족하게 솟은 것 같은 독특한 외벽은 사라마구의 소설처럼 힘 있어 보였다. 그 앞에는 올리브 나무 한 그루가 있는데 사라마구의 고향에서 옮겨 심었다고 한다. 그는 유언대로 이 나무 그늘 아래 잠들어 있다. 우리는 나무 옆 벤치에 앉아 <눈먼 자들의 도시>에 대한 이야기를 했다. 시간도 장소도 알 수 없는 곳에서 사람들은 원인 모를 '실명 바이러스'에 걸린다. 상황은 걷잡을 수 없이 열악해지고 사람들은 이기적이고 악랄하게 변해간다. 코로나 바이러스가 발생한 지 얼마 되지 않아서인지 그런 아비규환의 상황이 단지 이야기 속에나 존재하는 불가능한 일만은 아니라는 생각이 들었다. 이날 우리는 사람의 본성과 인간다움에 대한 이야기를 오랫동안 나누었다.

까사 다스 벨라스 로레토
Casa das Vellas Loreto

이곳은 리스본에서 가장 오래된 가게 중 하나다. 나무 패널, 아치형 진열장 그 사이에 금장 시계가 가게의 역사를 대변하듯 자리하고 있다. 재미있는 건 오픈 날짜가 1789년 7월 14일로 프랑스 혁명일과 같다. 가스나 전기가 없던 시절 이 가게는 리스본의 어두운 거리를 밝히는 역할을 했다. 핸드메이드 향초와 조각 초 등이 인기다. 단 현금 결제만 가능해서 원하는 것들을 모두 구입하지 못해 아쉽다.

Rua do Loreto 53, 1200-036 Lisboa

레르 드바가르 서점 Ler Devagar

소위 리스본에서 가장 힙한 곳이라고 하는 LX 팩토리 내에 있다. 이곳은 19세기 방직 공장 지대를 개조해 각종 상점, 식당, 서점 등 복합문화공간으로 탈바꿈했다. 레르 드바가르 서점은 팩토리 내 가장 인기 있는 공간 중 하나로 인쇄소를 리모델링했다. 책들이 2층까지 빼곡히 쌓여 있고, 카페, 작은 바가 있어 여유롭게 책을 보고 읽기에 좋다. 벨렝 지구와 가까워서 제로니무스 수도원과 함께 일정에 넣는 것을 추천한다.

R. Rodrigues de Faria 103 - G 0.3, 1300-501 Lisboa

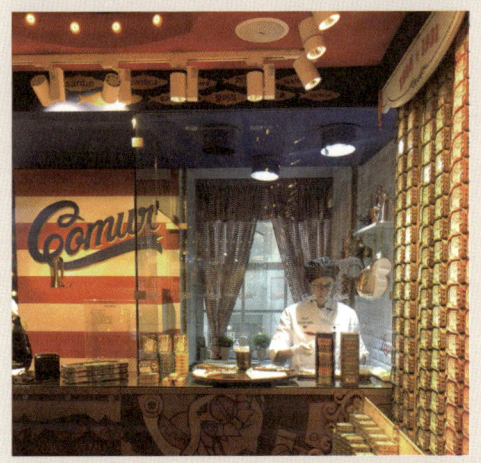

판타스틱한 통조림 Mundo Fantástico da Sardinha Portuguesa

알록달록 화사한 인테리어가 주목을 끄는 이곳은 통조림 전문점이다. 정어리, 연어, 문어 등 다양한 종류의 통조림을 판매하는데 시식을 할 수 있어 아이들이 열광했다. 포르투갈 내에 여러 분점이 있다. 가장 인기 있는 것은 연도가 표기된 디자인인데 우리 또한 1순위로 장바구니에 넣은 품목(아이들이 태어난 연도가 그려진 통조림) 되겠다.

Praca Dom Pedro IV 39 Lisboa

@bordallopinheirooffical

보르달로 핀헤이로
Bordallo Pinheiro

푸릇한 배춧잎, 다양한 열대과일, 달팽이가 올라간 나뭇잎 등 자연에서 영감을 받은 테이블 웨어로 가득찬 보르달로 핀헤이로. 포르투갈을 대표하는 포셀린 브랜드로 유머러스하고 재미있는 예술가 라파엘 보르달로 핀헤이로 Rafael Bordallo Pinheiro 에 의해 1884년에 설립되었다. 130년이 지난 지금도 그의 포셀린은 여전히 창의적이고 독특한 디자인으로 사랑받고 있다.

Av. Guerra Junqueiro 28 D, 1000-167 Lisboa

타임아웃 마켓 Timeout Market

리스본에서 유명한 식당과 카페를 한자리에서 만날 수 있는 곳. 오래전 광장 시장이었던 이곳은 리스본 대지진으로 폐허가 되었지만 이후 여러 번의 공사를 통해 2014년 활기차고 세련된 푸드 마켓으로 변신했다. 간단한 디저트부터 미슐랭 가이드에 선정된 레스토랑까지 선택의 폭이 다양하다.

Av. 24 de Julho 49, 1200-479 Lisboa

파브리카 리스보아 Fabrica Lisboa

아침마다 가고 싶은 브런치 카페. 작고 아담한 평범한 가게이지만 음식이 신선하고 건강한 맛이었다. 검색하고 복잡한 것 싫어하시는 분들에게 추천.

R. da Madalena 121, 1100-319 Lisboa

돔 프랑고 El-Rei Dom Frango

호시우 역 근처에 위치한 작은 레스토랑, 오픈 키친으로 친절한 직원들이 입구부터 반갑게 맞이해 준다. 뽈뽀(문어)도 입에서 살살 녹았지만 곁들여 나오는 감자와 샐러드도 맛있었다. 호시우 광장과 가깝다.

Calçada do Duque 5, 1200-155 Lisboa

our

Porto

포르투갈 제2의 도시
포르투는 '항구'라는 뜻. 오래된 도시로 유네스코 세계유산으로 지정되었다. 포르투갈어로는 O Porto인데 영어로 옮기면 The Port이다.

방문 방법
항공 - 포르투 국제공항이 있어 인근 유럽으로 이동하기 편하다. 스페인과 가까워서 마드리드로 경유해서 스페인과 함께 여행하는 경우도 많다.

운영 시간
미술관, 박물관은 대부분 월요일 휴무. 6시까지 운영한다. 레스토랑은 늦은 시간에서 새벽까지 문을 여는 곳이 많다.

교통
기차 - 상 벤투 역과 캄파냐 역이 있다. 상 벤투 역에는 포르투 근교를 오가는 열차가 캄파냐 역에는 장거리 열차가 운행된다. 리스본과 포르투는 3시간 정도가 소요된다.
www.cp.pt
지하철 - 6개의 노선. 개찰구가 따로 없고 노란색 태그 기계만 있는 곳도 있는데 승차 전에 꼭 태그를 해야 한다.

포르투 카드
11개 박물관 무료입장, 8개 박물관 50% 할인이 되고 교통패스와 결합할 수도 있다. 다만 리스본에 비해 포르투는 작은 도시라서 도보 관광이 가능해서인지 리스보아 카드만큼 인기가 있지는 않다.

포르투로 가는 기차 - 미션 파서블
go to porto - mission possible

리스본에서 포르투까지는 기차로 약 3시간이 걸린다. 포르투 중심에 있는 상 벤투 역까지 바로 가는 직행은 없고 캄파냐 역에서 갈아타야 한다. 문제는 캄파냐 역에서 내려 6분 만에 다른 트랙으로 이동하여 기차를 갈아타야 한다는 것!

에스컬레이터를 타고 올라가는데 바로 앞에서 젊은 외국 여성이 트렁크를 들고 뛰다가 넘어졌다. 너무 아팠을 것 같은데 벌떡 일어나서 다시 뛰어가는 대단한 여성!

우리는 무사히 기차에 탑승! 타자마자 문이 닫히고! 옆을 보니 좀 전에 에스컬레이터에서 넘어진 그 여성도 보였다. 이제 한 정거장만 가면 목적지인 상 벤투 역에 도착!

한 정거장이 지나도 상 벤투 역이 나오지 않아 다른 사람에게 이 기차가 맞는지 물어봤다.

우리는 기차를 반대로 탄 것이다. 결국 건너편에 가서 10분 정도 기다렸다 다시 탔다. 캄파냐 역은 지역(근교) 열차가 다니는 곳이어서 배차 간격이 짧았다. 굳이 달려가서 탈 필요도 없었음. 우리 옆에는 좀 전에 에스컬레이터에서 넘어졌던 그 여성이 또 서 있었다.

집에서 즐거운 여행 생활
VILLA IN PORTO

현실에서 집을 자주 옮겨 살기는 힘드니 여행 중에는 되도록 다양한 집에 머물고 싶은 마음이 생긴다. 리스본의 숙소가 전통적인 느낌이었다면 포르투는 현대적인 느낌의 도루 강이 보이는 집으로 골랐다. 6인이 사용할 수 있는 넉넉한 복층 집이다.
다년간 에어비앤비의 경험을 적은 네이버 포스트가 신기하게 인기가 있었다. 다른 이들이 내 계정을 타고 에어비앤비에 가입을 하면 적립금이 쌓이는데 그게 생각보다 많아서 이번 여행에 꽤 도움이 되었다. 집주인 앤Anne은 요즘 들어 만난 에어비앤비 호스트 중에 으뜸으로 친절한 사람이었다. 흔히들 열쇠를 우편함에 넣어 놓거나 비밀번호만 메시지로 알려 주는데 앤은 직접 손님을 맞기 위해 우리를 기다리고 있었다. 무거운 트렁크를 4층까지 함께 올려 주고 집안 곳곳을 설명해 주었다. 아이들의 질문에도 정성껏 대답하고 시범을 보여 주는 모습에서 집에 대한 그녀의 애정이 느껴졌다. 오크색 나무 바닥, 블록처럼 커다란 블랙 옷장, 로낭&에르완 부훌렉 형제의 펜던트 조명까지 모든 것이 마음에 들었다. 심플하고 세련된 인테리어는 잡지에나 나올 법하게 멋있었다. 그중 가장 마음에 드는 건 테라스였다. 정면으로 흐르는 도루 강과 포르투의 상징 같은 동 루이스 다리는 놀라울 정도로 아름다웠다. 앤이 집을 나가자마자 아이들은 환호성을 질렀다. 민유는 그 또래 아이들이 그렇듯 다락방을 제일 좋아했다. "우리 이제 아무 데도 나가지 말까?"

숙소 테라스에서 본 풍경. 민유 그림.

일어나!
아침이야~

침실에는 오랜 세월이 느껴지는 앤티크한 침대와 가구가 배치되어 있다.

테라스에서는 건너편 빌라 노바 드 가이아가 한눈에 보인다. 민유는 갈매기 관찰 중.

넓은 식탁에서는 식사도 했지만 함께 그림 그리는 시간이 더 많았다.

복층 구조로 된 숙소. 위층 침대에 누워서도 창문을 통해 포르투의 아름다운 야경을 한눈에 볼 수 있다.

히베리아 지구, 동 루이스 1세 다리
Ribeira, Ponte de Dom Luis I

사진으로는 정말 예뻤는데 직접 가 보면 기대에 미치지 못한 곳들이 있다. 그렇지만 포르투는 기대 이상이었고 다녀와서도 두고두고 생각나는 곳이다. 그리운 풍경 속에는 히베리아와 동 루이스 1세 다리가 있다. 히베리아 지구는 1389년 형성되었다. 오래된 건물, 좁은 골목들이 유독 많아 마치 미로 같다. 강변을 따라 이어지는 노천카페와 레스토랑 그리고 그 앞에서 수시로 펼쳐지는 버스킹을 그냥 지나치기란 힘든 일이다.

히베리아 지구의 반대편인 빌라 노바 드 가이아 지구와 연결되는 다리가 있는데 그것이 바로 동 루이스 1세 다리이다. 에펠탑을 건축한 구스타브 에펠 Gustave Eiffel의 제자 테오필 세이리그 Théophile Seyrig가 설계했다. 다리를 중심으로 포르투의 아름다운 낮과 밤을 즐길 수 있어 인기가 많다.

에어비앤비 고르는 법

에어비앤비가 생기고부터 여행이 좀 더 편해졌다. 무엇보다 여행자들의 장기 체류가 용이해졌다. 초창기에는 아침 식사를 제공하는 Airbed & Breakfast였다. 시작은 미비했지만 10여 년이 지난 지금은 하루 200만 명이 이용하는 숙박 공유 플랫폼이 되었다.

어느 지역이나 비슷비슷한 특색 없는 호텔보다는 그 지역의 감성이 묻어나는 현지인의 집에서 생활하는 것에 대한 로망과 호텔보다는 저렴한 숙소를 찾기가 용이하다는 경제적 요건이 어우러져 많은 이들이 선호하는 숙박 브랜드가 되었다. 그렇지만 최근 들어 탈세, 인종차별, 성추행, 몰래카메라 등 많은 논란이 야기되고 있다. 이러한 문제점은 에어비앤비 측에서 꾸준히 방법을 강구하고 개선을 하고 있지만 소비자 입장에서도 충분히 조심해야 한다는 것을 잊지 말자.

체크해야 할 것

1 댓글이 많은 집이 아무래도 믿을 만하다.
2 꼼꼼히 읽어 보고 궁금한 점은 호스트에게 쪽지로 물어본다. 되도록 예의 바르게 물어보는 것이 좋다. 입장을 바꿔 생각하면 그쪽에서도 자신의 집에 낯선 사람이 오는 것이므로.
3 혼자 여행하는 사람보다는 친구나 가족과 함께 여행하는 사람들에게 추천.
4 슈퍼호스트- 여러 사람에게 인증받은 만큼 믿을 만하다. 다만 슈퍼호스트라 해서 모두 친절한 것은 아니다. 이미 많은 사람들이 다녀가서 집이 낡은 경우도 있다.

포르투갈의 경우

1 에어비앤비와 함께 호텔도 꼭 알아본다. 포르투갈은 주방이 갖춰진 레지던스 호텔이 많고 타 유럽에 비해 저렴하다. 혼자 여행하고 안전에 민감하다면 호텔을 추천.
2 리스본과 포르투는 언덕이 많은 도시로 좁은 돌길에 엘리베이터까지 없는 구가옥이 많으니 위치를 꼭 체크해야 한다.
3 만 13세 이상 1일 2유로의 도시세를 부과한다. 보통 예약 시 포함된 가격으로 지불하지만 간혹 현지에서 요구하는 경우가 있으니 체크한다. 또한 에어비앤비도 숙박업체로 등록을 한 숙소는 여권번호를 시에 제출해야 하는 의무가 있어서 여권번호를 물어볼 수도 있다.

니콜라스와 이월이
여행을 기억하는 방법
Daughters' Travel Diary

"이름은 니콜라스야! 포르투갈에서 만난 내 친구지."

민소는 오후에 들린 '아 비다 포르투갈'에서 기다란 접시 하나를 골랐다. 접시 위에는 달팽이 한 마리가 붙어 있었는데 한참을 고심한 끝에 드디어 이름을 결정한 것이다. 니콜라스를 열심히 그리는 언니가 무척이나 부러운 민유. 언니가 하는 것은 뭐든지 부럽고 따라 하고 싶어 하는 전형적인 둘째다. 그것 때문에 종종 피곤할 때도 있지만 (솔직히 많지만) 함께 그림 그릴 때만큼은 도움이 된다. 내가 그림 그리라고 강요하지 않아도 언니가 그리기 시작하면 자동으로 스케치북을 펴기 때문이다. 후다닥 그리고 핸드폰 게임을 하는 민소와는 다르게 더 오랫동안 열심히 그리는 것도 모두 언니에 대한 경쟁심 때문.

언니의 니콜라스가 너무나 부러웠던 민유는 며칠 후 드디어 자신의 친구를 찾았다. 제비 모양의 장식품인데 이름은 '이월이'(여행을 2월에 했기 때문)라며 우리에게 만족스럽고 자랑스러운 표정으로 말했다.

여행 오기 전 우리는 함께 화방에 들렀다. 각자 취향대로 여행지에서 그릴 화구 용품과 스케치북을 구입했다. 쇼핑을 귀찮아하는 민소도 화방과 문구점에 가자고 하면 언제나 OK. 민소가 어릴 때부터 정했던 여행 시 우리만의 원칙과 약속이 있다. 공부는 절대 하지 않는 대신 날마다

일기나 그림으로 여행을 기록하고 기억할 것. 이 약속은 중학생이 되고 고등학생이 되어서도 나름 잘 지켰다. 한때 고등학생을 데리고 여행을 떠나는 내게 걱정스러운 눈빛을 보내는 사람들도 있었다. 하지만 그때도 지금도 여행은 언제나 옳다.

세 명이서 함께 그린 도루 강 풍경. 왼쪽 위는 내가, 왼쪽 아래는 민소, 오른쪽은 민유 그림.

민소가 그린 서양 배. 그날 우리의 양식.

포토 스냅샷 촬영
SNAP PHOTO

"I just arrived."

세계에서 가장 아름답다는 포르투의 맥도날드 앞에서 사진작가 페드로Perdo를 만났다. 미리 신청해 놓은 스태프 사진 촬영을 위해서다. 여행 가면 항상 아이들 사진은 많은 반면 내 사진이나 같이 찍은 사진은 별로 없었다. 평상시 생활할 때는 느끼지 못하지만 사진에서는 나이 듦이 여실히 보여 점점 사진 찍는 것을 기피하게 되었다. 그런데 다시 생각해 보면 내가 앞으로 더 젊어지거나 예뻐질 리 만무하니 조금이라도 젊을 때 모습을 남겨야겠다는 생각이 든다. 할머니가 되기 전에 말이다. 촬영은 한 시간가량 진행됐고 우리 외에 미국 여성 1명이 더해져 총 4명이 함께 다녔다. 일부러 포르투 도착 다음 날로 예약했는데 짧게나마 포르투 투어를 하는 기분을 느낄 수 있어 좋았다. 짬짬이 포르투에 대한 설명과 소개를 해 준 것도 도움이 됐다. 처음에는 사진 체험 같은 것은 싫다고 부정적이던 민소도 끝나고 나서는 나름 재미있었다는 평을 남겼다.

우리가 예약한 체험은 1시간, 1인 기준, 최종 15장의 사진을 받는 것이다. 평균 2시간 촬영을 많이 하는데 민소가 사진 찍는 것을 싫어해서 짧은 시간으로 예약을 했다.

우리가 닭을 먹는 방법
FRANGO ASSADO

숙소 골목 앞, 동네 슈퍼는 작지만 깨끗했고 샌드위치나 리조또 등 조리된 따뜻한 음식도 팔고 있었다. 이곳에서 인기 있는 건 당연 구운 통닭인데 가격도 3유로(4000원)로 저렴하고 간도 딱 맞아서 한 끼 식사로 안성맞춤이다. 이 오븐 구이가 알고 보니 포르투갈의 대표 음식 중 하나였다. '프랑구 아사두 Frango Assado' 또는 '피리피리 pripiri 치킨'이라고 부르고 뜻은 구운 닭고기.

원하는 것을 가리키면 그 자리에서 숙련된 솜씨로 쏙싹쏙싹 잘라 준다. 통닭, 샌드위치 거기에 후식으로 푸딩까지 코스로 먹는 것이 우리의 행복한 아침 식사다. 참, 여기에 빠질 수 없는 한 가지가 있는데 바로 한국에서 가져온 볶음김치. 통닭 한입에 볶음김치 한 젓가락(여기서는 젓가락 대신 포크지만)은 그야말로 환상의 조합이다.

덕분에 아침마다 슈퍼 문 여는 시간에 맞춰 집을 나섰고 이것저것 고르는 즐거움으로 하루를 시작했다.

퍽퍽한 살 부위는 인기가 없는데 그건 놔뒀다가 저녁에 스파게티 만들 때 잘게 찢어 토핑으로 활용했다. 여행 오면 모든 음식이 소중해지고 평상시에는 찾아볼 수 없는 알뜰함까지 생기니 참으로 신기하다.

숙련된 가위질 →

쓱싹 쓱싹

SPAR rua de sao joao, 44 히베리아 광장에 위치한 이곳은 도루 강과도 가까워서 인기가 많다.

↑포르투갈 음식에도 고수가 많았다. ↓마트 쇼핑은 어느 나라에서나 재미있는 놀이. 세 명 모두 일심동체 신나는 시간.

아이들이 마트만 가면 빼놓지 않고 고르는 초밥. 여기서는 초밥이 꽤 비싸서 사 주고 싶지 않았지만 포르투갈 음식을 좋아하지 않아서 어쩔 수가 없었다. (엄마는 맛있던데….)

동 루이스 다리 한가운데서
화장실을 외치다
DOURO RIVER

"바다 건너 저쪽엔 뭐가 있을까?"

고미 타로의 그림책 '바다 건너 저쪽'에서 주인공 소년은 바닷가에 서서 생각한다. '바다 건너 저쪽에는 아이들도 살고 있겠지. 조그만 집들도 있겠지. 놀이동산도 있을까?' 아침마다 커피 한 잔 내려서 도루 강이 보이는 테라스에 앉는다. 동화책 속 소년처럼 이것저것 생각하며 간단하게 메모를 하는 시간이 평화롭고 좋다. 민유 또한 테라스 너머 보이는 도루 강 건너편을 궁금해했다. 하지만 그 이유는 사뭇 달랐다.

"우와! 엄마, 저기 케이블카 있어. 언제 타러 갈 거야?"

솔직히 민소랑 나는 약간의 고소공포증이 있고 이렇게 그림 그리고 노는 방구석 라이프가 맘에 쏙 드는데…. 우리 그냥 집에만 있으면 안 될까?

하지만 한 번 꽂히면 매시간, 매분, 매초마다 조르는 민유를 도저히 이길 수가 없다. 늦은 아침을 먹고 산책도 할 겸 드디어 다리 건너편으로 향했다. 보기에는 엄청 가까워 보였는데 막상 걸으니 다리까지의 거리가 꽤 멀었다. 첫날은 제대로 못 봤는데 다시 올라오니 다리 위에서 보는 포르투의 풍광은 정말 근사했다. 막 사진을 찍으려는데 "엄마 배꼽이… 배꼽이 너무 아파!" 민유는 표정이 점점 일그러지더니 갑자기 배꼽이 아프다고 호소하기 시작했다.

동 루이스 다리 한가운데 화장실이 어디에 있니? 민소와 나는 풍경도 즐기고 사진도 찍으며 천천히 가고 싶지만 계속 배꼽이 아프다고 외치는 민유 덕분에 정신을 차릴 수가 없었다. 너무 아프다고 외쳤다가 조금 잦아들어서 안심하면 다시 아프다고 아우성. 설사일 것 같은 예감이 들었다.

천신만고 끝에 간신히 다리는 건넜지만 우리를 기다리는 화장실은 없었다. 어디 식당이라도 들어가야 하나 싶었지만 방금 식사를 한 터라 아무도 배가 고프지 않았다.

고지가 눈앞이니 조금만! 조금만! 가자며 아이를 달래서 케이블카로 향했다. 아픈 배를 부여잡고 케이블카 타는 곳까지 겨우 갔지만 여기도 화장실이 보이지 않았다. 오 마이 갓! 설마! 하는 마음으로 아이들과 케이블카 매표소를 크게 한 바퀴 돌았지만 화장실을 찾을 수는 없었다. 거의 우는 목소리로 지나가는 사람에게 물어보니 그는 바로 앞 푸드 코트를 가리켰다. 순간 핑크색의 커다란 건물 입구가 천국으로 입장하는 문처럼 보였다. 화장실에서 급한 불을 끄고 나니 그제야 복층 구조의 푸드 코트 내부가 눈에 들어왔다. 빈자리를 찾기 힘들 정도로 많은 사람들로 가득 차 있었다. 여기가 핫플인가? 분명 배가 고프진 않는데 맛나 보이는 여러 음식을 보니 조금만 먹어 볼까? 하는 마음이 생겼다. 나는 채식 식당에서 수프가 포함된 런치 뷔페 한 접시를 골랐고 아이들은 해산물 리조또와 대구 튀김, 거기에 후식으로 초코케이크까지…. 어쩌다 보니 테이블 위에는 푸짐한 한 상이 차려졌다. 옆 테이블들을 둘러보니 여러 종류의 와인 잔을 놓고 마시는 이들이 많이 보였다. 카운터 직원에게 와인을 추천해 달라고 하니 그녀는 조금씩 마셔 볼 수 있도록 작은 잔에 따라 주었다. 한 잔도 시음을 해 보고 살 수가 있다니 너무 좋네요. 불과 20분 만에 우리는 지옥에서 천국으로 순간 이동 경험을 한 것만 같았다.

'민유야. 네 덕분에 우리 잘 먹었다.'

민유가 그린 포토 카드. 개운한 마음으로 케이블카 안에서 동 루이스 다리를 배경으로 사진 찍기.

빌라 노바 드 가이아 Vila nova de gaia

포르투 시 남쪽에 위치해 있으며 와인 저장고가 있는 관광 지역이다. 짧게 '가이아'라고 부른다. 대략 26곳 정도의 와인 셀러가 있고 칼렘, 샌드맨, 테일러, 라모스 등이 유명하다.

푸드 마켓 Mercado Beira-Rio

빌라 노바 드 가이아 Vila Nova de Gaia 지역의 중심부에 위치한 마켓이다. 여러 매장이 입점해 있는 푸드 코트 스타일로 현지인과 관광객에게 모두 인기가 많은 곳이다.

Av. de Ramos Pinto 148, 4400-261 Vila Nova de Gaia

가이아 케이블카 Gaia Cable Car

빌라 노바 드 가이아의 산타마리냐 구에 있는 케이블카. 도루 강 하구의 부두와 동 루이스 다리 부근의 언덕 위 모루 공원을 연결하고 있다. 2011년에 개통되었고 소요 시간은 약 5분이다. 도루 강 하구 올드타운과 히베리아 지구 풍경을 한눈에 볼 수 있어 관광객들에게 인기가 많다.

R. Rocha Leão 236, 4430-148 Vila Nova de Gaia

포르투의 공공 예술-툭툭 투어
PROGRAMA DE ARTE PÚBLICA NO PORTO

여행에선 유명한 랜드마크에 가 보고는 싶지만 한편으로는 '현지인들은 어떻게 생활하고 관심 분야는 뭘까?' 궁금하기도 하다. 포르투에는 시에서 주관하여 아줄레주와 더불어 그래피티 등 공공 예술이 활발하게 진행 중이라는 기사를 읽은 적이 있다. 마침 찾아낸 '포르투의 공공 예술 작품 탐방' 프로그램은 그런 나의 호기심에 딱 부합했다. 게다가 툭툭을 타고 포르투 이곳저곳을 다닌다는 점도 아이들과 체험하기 좋을 것 같았다. 다만 리뷰가 열 개밖에 없어서 조금 걱정이 됐지만(인기 있는 체험은 백 개 넘는 리뷰가 달립니다.) 포르투갈에 도착한 첫날 밤 불안해하던 쫄보는 사라진 지 오래. 어느덧 나는 호기심 많고 용기 있는 여행자로 변해 있었다. 움하하;;

툭툭 투어는 상 벤투 역을 시작으로 2시간 정도 진행된다. 리카르도Ricardo는 순수 예술을 전공했고 디자인도 한다며 자신을 소개했다. 2시간 동안 여러 조형물과 그래피티를 설명해 주었는데 우리가 무심코 지나쳤던 곳도 있어 신기했다(역시 아는 만큼 보입니다). 그래피티 외에도 툭툭을 운전하며 지나가다 보이는 성당, 미술관, 식당, 카페 등 많은 곳을 추천해 주었다. 여행 첫날 만났다면 정말 많은 도움이 됐을 것 같았다. 원한다면 궁금한 모든 것을 다 알려 줄 기세였다. 헤어질 땐 폴라로이드 사진까지 찍어 주는 친절함이 고마워서 나는 투어 페이지에 열한 번째 리뷰를 남겼다.

포르투 거리 곳곳의 그래피티. 날마다 걸었던 골목인데 미처 보지 못하고 지나쳤던 곳도 있었다. 역시! 그래서 아는 만큼 보인다고 했나 보다.

그래피티 위치가 표시된 지도.

세상에서 가장 아름다운 기차역
Estação Ferroviária de Porto-São Bento

세상에서 가장 아름다운 기차역 중 하나인 상 벤투 역.
우리가 포르투에 도착한 첫날 정신없이 헤맸던 바로 그곳이기도 하다. 고풍스러운
외관의 아치문을 통과하면 2만여 개의 아줄레주 벽화로 둘러싸인 메인홀이 나온다.
마치 궁전의 무도회장에 서 있는 듯한 착각마저 든다. 벽화에는 큰 전투와 왕가의
행진 등 포르투갈의 역사적 사건들도 있지만 당시 서민들의 일상적인 모습과 풍경도
장식되어 있다. 솔직히 나는 서민들의 모습에 더 눈길이 가서 미술관에서 그림 보듯
천천히 뜯어보았다. 특히 농촌의 모습은 지구촌 어디나 비슷한 것 같아 신기했다.

'여행에서는 사진 찍을 시간에 좀 더 많이 눈에 담아 두라.'는 말이 있다. 그렇지만
시간이 지나면 사진으로 추억을 음미하고 곱씹기도 한다. 기억 속에서 희미해진 어릴
적 풍경도 사진을 보면 '아, 그땐 그랬지.' 하고 다시금 기억이 소환되기도 한다.
이토록 아름다운 아줄레주 풍경을 배경으로 아이들 사진을 찍지 않는다면 그건
엄마로서 유죄! 미리 준비해서 만든 자매 세트 의상을 입히고 상 벤투 기차역을
찾았다. 처음에는 오후에 갔는데 워낙 배경이 예뻐서 만족스럽기는 했지만 오가는
사람들이 많아서 살짝 아쉬웠다. 그래서 이른 아침에 한 번 더 방문했다.
상 벤투 역에서 찍은 사진은 현재 우리 집 거실 피아노 위 액자에 장식되어 있다.

tip 아이들 사진 찍기
카메라를 들이대면 대부분은 어색해서 자연스런 표정을 짓기가 힘들다. 이럴 땐 걷거나 뛰어 보라고 한다. 멋진 풍경을 배경으로 찍을 때는 멀리서 한 컷, 가까이에서 한 컷. 이렇게 두 개의 설정으로 찍는다. 배경과 인물 모두 멋지게 나오기는 힘드니까 한 가지에 포커스를 두는 것이 오히려 실패 확률이 적다. 아이들 뒷모습을 찍는 것도 추천.

상 벤투 역 Porto-São Bento

16세기 베네딕트 수도원이 나폴레옹 침략 당시 화재로 폐허가 된 후, 까를로스 1세(Carlos I)의 지휘하에 1916년 건축가 마르케스 다 실바(Marques da Silva)와 화가 조르주 콜라수(Jorge Colaço)에 의해 기차역으로 다시 태어났다.

상 벤투 역은 현재도 기차가 오가는 역이다. 다만 근거리(아베이루, 브리가)를 주로 운행하는 기차만 다니고 리스본 등 원거리를 운행하는 기차는 도시 외각에 있는 캄파냐(Campanha) 역으로 가야 탈 수 있다.

조아나 바스콘셀로스 Joana Vasconcelos

골목을 걷다가 우연히 팝콘이 튀는 듯한 현대적인 느낌의 벽화를 만났다. 같은 타일이지만 우아하고 고전적인 아줄레주 타일과 대조적이다. 조아나 바스콘셀로스의 작품이다. 1971년 파리에서 태어난 그녀는 1974년 카네이션 혁명 이후 리스본으로 돌아왔다. 현재 포르투갈을 대표하는 예술가인 그녀는 2012년 베르사유 궁전에서 열리는 현대 미술 전시회에도 참여했다. 그것은 매우 역사적인 사건으로 그녀가 베르사유 최초의 여성이자 가장 어린 현대 예술가였기 때문이다. 아이들과 조아나에 대한 글을 읽는데 아는 사람은 아니지만 뭔가 뿌듯한 기분이 들고 이 장소가 더욱 마음에 들었다.

Praça de Guilherme Gomes Fernandes 67, 4050-159 Porto

파두와 함께
THE SOUL OF PORTUGAL

여행을 계획하기 전까지만 해도 '아줄레주'나 '파두'는 들어본 적 없는 단어였다. 그런데 아이러니하게도 여행을 결정하고 나서 가장 많이 접하게 된 단어가 바로 이 두 단어다.

파두는 흔히 포르투갈의 영혼이라 표현한다. 운명이라는 뜻의 라틴어 파툼 fartum 에서 유래되었다. 운명, 숙명 이런 것에는 거스를 수 없는 아픔과 괴로움이 수반된다. 그것을 노래로 표현하는 것이니 당연히 파두에는 슬픔과 애절함이 절절히 묻어난다.

아이들이 이런 노래를 좋아할까?
포르투갈에 오면 꼭 체험해 봐야 하는 것으로 파두 공연이 꼽힌다. 보통은 늦은 저녁 식사를 하면서 공연을 관람하는 것이 정석인데(디너쇼처럼) 두세 시간이 넘는 공연이라 민유는 견디기 힘들 것이다. 여행을 오기 전에는 리스본 판화와 모자이크 수업만 예약하고 나머지는 현지에서 판단하기로 했다.
오전부터 여기저기 부지런히 집중적으로 쇼핑을 한 우리는 집에서 좀 쉬기로 했다. 그때 시간이 오후 3시 정도였는데 특별한 계획도 없었다. 성당은 이제 지겹고 시내 구경을 다니기엔 팔다리가 아팠다. 문득 생각난 것이 파두였다. 아이들도 이제 어느 정도 포르투갈의 문화에 적응이 되었던 터라 음악을 들으며 쉬는 것도 좋을 듯싶었다.

알아보니 식사가 포함되지 않은 1시간의 짧은 공연이 있었다. 6시 공연에 맞춰 천천히 걸어갔다. 클럽 안은 어두웠고 직원은 우리를 보자마자 이름도 물어보지 않은 채 예약된 좌석으로 안내했다. 아이와 함께한 일행은 우리뿐이라 쉽게 알아보았나? 내게는 와인을 민소, 민유에게는 주스를 따라 주었다. 와인은 몇 가지 종류가 있었는데 나는 추천받은 것을 주문했다. 친근한 그들의 환대에 마음이 편안해졌. 두 명의 기타 연주자와 여성 가수가 앞으로 나왔다. 조명이 더 어두워지자 노래가 시작되었다. 거칠고 힘차면서 구슬픈 음성이다. 처음 들어본 노래들이지만 어딘지 모르게 스페인 음악과 비슷해 그리 낯설지는 않았다. 노래 시작 전에는 곡에 대한 설명을 해 주었다. 사랑하는 이를 그리워하는 내용이 많아서 우리나라로 치면 '목포의 항구'나 '백만 송이 장미' 같은 느낌이다.
민소는 서양배처럼 생긴 기타가 특이하고 연주도 기막히게 아름답다며 감탄했다. 민유는 언니의 반응이 긍정적이어서인지 자기도 재밌었다며 만족스럽다는 평을 했다.(공연 도중 종종 멍때리는 것을 봤는데…)
쉬는 시간에 화장실에서 만난 일본 여성은 너무나 감동했다며 공연에 대한 칭찬을 쏟아냈다. 공연 후, 그녀는 수줍은 목소리와는 다르게 CD를 구입하고 가수와 사진도 찍는 열성적인 모습을 보였다. 우리는 기타에 대해 물어보았는데 그건 포르투갈 전통 기타라고 했다. 민소가 관심을 보이자 한번 만져 보라며 건네주었다. 줄이 열두 개나 되었다. 그래서 그렇게 풍부한 음색이 가능했구나.

공연이 끝나고 그냥 집으로 가기 아쉬웠던 우리는 동 루이스 다리로 향했다. 파두와 꼭 함께 언급되는 것이 '사우다드 Saudade'다. 그리움, 도달하지 못한 것, 창밖을 보며 무언가를 그리워하거나 동경하면서 후회하는 모습, 우울하면서 동시에 기쁨을 느끼는 달콤쌉싸름한 감정이 바로 사우다드다.

파두에는 이런 사우다드의 정서가 녹아 있다.

아이들은 해맑은 표정으로 야경 사진을 찍느라 바쁜 반면 나는 뭔지 모르게 쓸쓸했다. 요즘 들어 어릴 적 살았던 집, 민소만 할 때 겪었던 이야기를 자주 한다.

'그때가 그립기도 하고 아쉽기도 하고 가끔은 우울하기도 하지.'

사우다드처럼 더 이상 존재하는 않는 것에 대해 생각한다.

그래서 오늘 공연이 더 좋았는지도 모르겠다.

파두는 나의 숙명과도 같은 형벌,
그저 잃어버리기 위해 태어난 것.
내가 말하는 것, 말할 수 없는 것까지
모든 것이 파두라네.

E o fado é o meu castigo
Só nasceu pr'a me perder
O fado é tudo o que digo

아말리아 호드리게스 - 모든 것이 파두라네
Amália Rodrigues - Tudo Isto É Fado

파두 Fado

포르투갈의 식민지였던 브라질의 노예들이 부르던 '룬둠Lumdum'에서 유래했다(기원이 분명치는 않다). 바다 건너 고향을 그리워하는 내용이 많은데 지금은 한때 찬란했던 대항해 시대를 그리워하는 것으로 의미가 바뀌었다. 물론 사랑, 운명에 관한 노래도 많다.

19세기 리스본에서 탄생했고, 알파마 지역의 노동자 계층을 중심으로 발달했다. 그래서인지 알파마와 바이후 알투에는 파두 전용 홀이나 저녁 식사와 함께 공연을 즐길 수 있는 레스토랑이 많다. 파두 가수들은 검은색 정장이나 검은색 숄을 두르고 포르투갈 전통 기타 반주에 맞춰 노래를 부른다. 대표적인 가수로는 '파두의 여왕'이라 불리는 아말리아 호드리게스Amalia Rodrigues가 있다. 현재 활발하게 활동하고 있는 마리자Mariza는 한일 월드컵에서 노래를 불러 국내에도 인지도가 높은 가수다.

파두는 리스본과 코임브라의 파두가 대표적이다. 코임브라는 대학교가 많은 도시로 유명한데 젊은 사람보다는 나이 든 어르신이 좋아하는 노래로 인식되는 파두가 코임브라에서 인기를 끌게 된 것은 대학생들이 사랑을 고백하는 세레나데로 부르기 시작하면서다. 현재는 대학 졸업식 축가로도 쓰인다. 다만 공연은 남성만 한다.

2011년 유네스코 세계무형유산Intangible Cultural Heritage에 등재되었다.

포르투게즈 기타 Portuguese guitar

서양배 모양의 현악기. 줄이 12개인 것이 특징이다. 유럽 전역에서 연주되던 시턴이 포르투갈에서 토착화되었다. 현재는 파두 외에 독주나 영화음악 연주에 많이 사용된다.

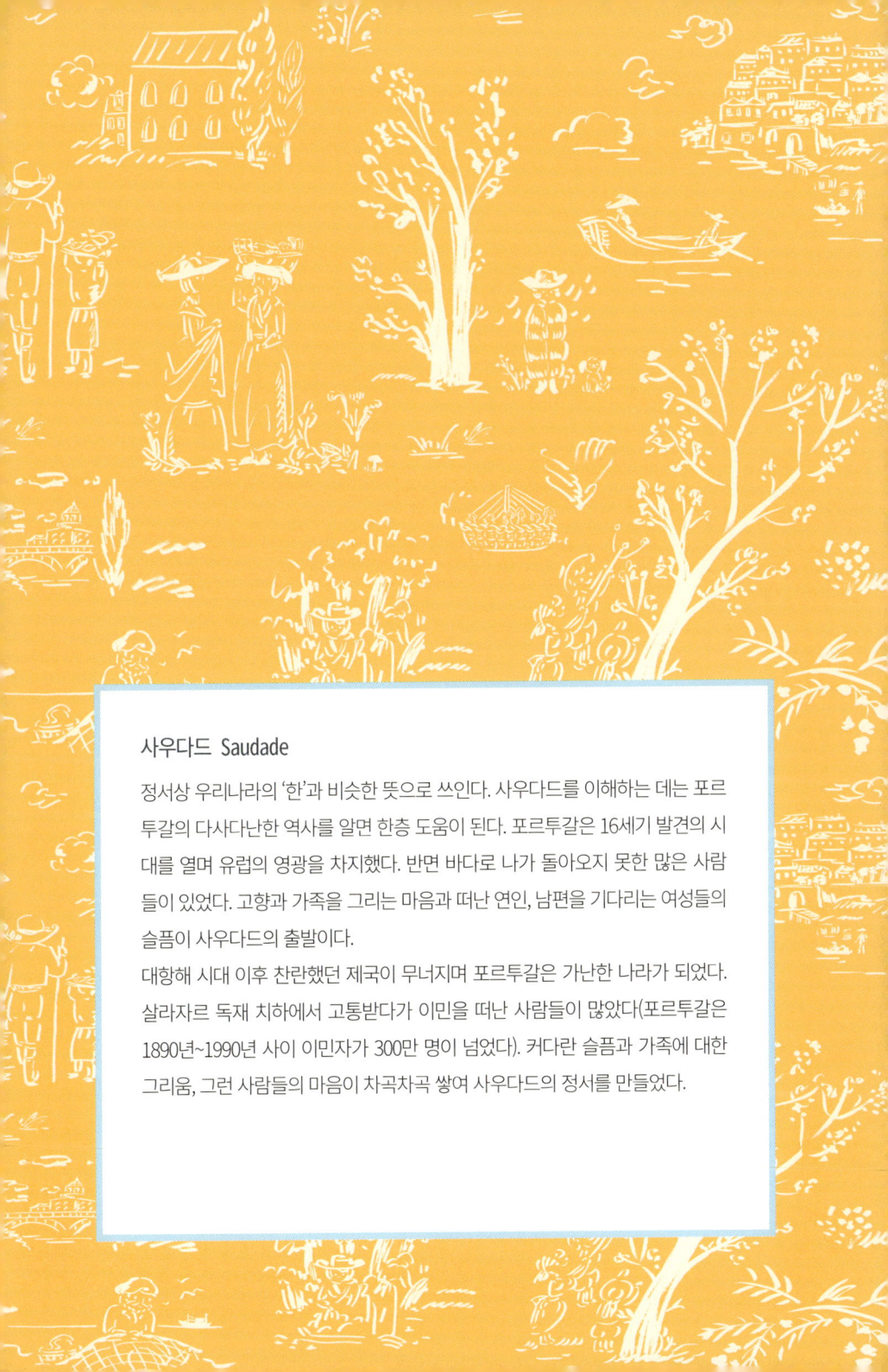

사우다드 Saudade

정서상 우리나라의 '한'과 비슷한 뜻으로 쓰인다. 사우다드를 이해하는 데는 포르투갈의 다사다난한 역사를 알면 한층 도움이 된다. 포르투갈은 16세기 발견의 시대를 열며 유럽의 영광을 차지했다. 반면 바다로 나가 돌아오지 못한 많은 사람들이 있었다. 고향과 가족을 그리는 마음과 떠난 연인, 남편을 기다리는 여성들의 슬픔이 사우다드의 출발이다.

대항해 시대 이후 찬란했던 제국이 무너지며 포르투갈은 가난한 나라가 되었다. 살라자르 독재 치하에서 고통받다가 이민을 떠난 사람들이 많았다(포르투갈은 1890년~1990년 사이 이민자가 300만 명이 넘었다). 커다란 슬픔과 가족에 대한 그리움, 그런 사람들의 마음이 차곡차곡 쌓여 사우다드의 정서를 만들었다.

너무 불친절한 그녀
인종차별인가요?
THE MOST UNFRIENDLY WOMAN

아이들은(특히 민유는) 조금 먼 거리를 걸어갈 때면 여지없이 아이스크림을 내놓으라는 듯 지나가다 보이는 아이스크림 가게를 말없이, 끝없이 가리킨다. 그런 아이들의 성화에 못 이겨 작지만 내부가 깔끔하고 화사한 아이스크림 가게가 보여 안으로 들어갔다. 손님은 없었다. 아이들은 자리에 앉아 있고 내가 카운터에 주문을 하러 갔다. 스무디와 와플을 주문하는데 카운터의 젊은 직원은 세상 귀찮다는 표정이다. 하나 주문할 때마다 냉장고를 열어 보며 고개를 젓거나 끄덕이며 성의 없이 노, 예스라고만 대답한다. 초코&바나나 와플은 처음에는 된다고 했다가 나중에는 바나나가 없어서 안 된다고 한다(우리는 이때 가게를 나와 건너편 아이스크림 가게로 갔어야 했다).

"저 사람 장사하기 싫은가 봐." 손님이 우리밖에 없는데도 주문한 와플은 나올 기미가 보이지 않았다. 먼저 나온 민유의 딸기 스무디는 너무 셔서 저절로 얼굴이 찡그러졌다. 앉아 있는데 20대 여성으로 보이는 친구들 무리가 들어와서 아이스크림콘을 사서 나갔다. 나도 모르게 그들에게 눈이 갔다. 직원은 여전히 한결같이 불친절했다. 연이어 나이 든 노부부 손님이 들어왔다. 할머니는 잠시 의자에 앉아 있고 할아버지가 주문을 했다. 갑자기 직원의 짜증 섞인 목소리가 들렸다. 할아버지의 말을 못 알아들었는지 반대로 할아버지가 자신의 말을 못 알아들었는지 짜증을 한가득 내는

그녀를 보니 어이가 없었다.

곧이어 기다리던 와플이 나왔는데 우리는 모두 놀라 입을 다물지 못했다.

아이스크림은 다 녹아 있었고 와플은 눅눅했으며 그 맛은 말할 수 없이 달았다.

그제서야 구글 평점을 확인해 보았다. 3점대 초반으로 불친절하다는 리뷰가 줄을 이었다. 이번 여행에서 배운 건 리뷰는 건너뛰어도 되지만 별점은 꼭 확인해야 한다는 것. 별점이 4점대인 식당도 불친절하다거나 맛없다는 댓글은 한두 개 있다. 경험상 그건 복불복이거나 주관적인 의견일 때가 있다. 그런 곳을 다 거르다간 갈 곳도 먹을 곳도 찾지 못한 채 검색만 하다가 시간이 다 갈지 모른다. but! 그렇지만 별점이 3점대 초반인 곳은 웬만하면 피하는 것이 약이다.

그녀는 포르투갈에서 만난 유일하게 불친절한 사람이었다.

만약 주문한 아이스크림을 다 먹을 동안 다른 손님이 오지 않았다면….

아마 나는 그녀에게 인종차별을 당했다고 여겼을 거다. 하지만 그녀는 나이 드신 분도 막 대하는 세상 불친절한 사람이었다. 우리는 이날 인종차별과 불친절함에 대해 꽤 오랜 시간 이야기를 나눴다. 여행 후기를 보면 외국에서 인종차별을 당했다는 경험담이 꽤 있다. 하지만 그중에는 어쩌면 그냥 불친절한 사람을 만난 것일지도 모른다. 세상 어디에나, 우리나라에도 불친절한 사람들은 존재하니까….

메이드 인 포르투갈
MADE IN PORTUGAL

언젠가부터 여행 중에 기념품을 살 때 빼놓지 않고 확인하는 것은 뒷면이나 아랫면에 적힌 제조국이다. 우리나라도 그렇지만 요즘은 전 세계적으로 'made in China'가 너무 많다. 비행기 타고 멀리 유럽까지 갔는데 되도록 그 지역에서 디자인하고 만든 제품을 사고 싶은 것이 여행자의 마음이다.

아 비다 포르투게사 A Vida Portugesa

모두 다 쓸어오고 싶은 곳. 포르투갈스러운 기념품들이 대거 모여 있는 편집 숍이다. 여행 일정이 짧아 여러 곳을 가기 힘들다면 이곳을 방문하라고 말하고 싶다. 수공예를 중심으로 포르투갈을 대표할 만한 품질 좋은 제품들이 가득하다. 어쩌면 사고 싶은 것이 너무 많아서 가벼운 지갑을 원망하게 될지도 모른다.

저널리스트였던 카타리나 Catarina Portas는 박스에 다양한 물건을 넣고 포장하여 판매하기 시작했는데 인기가 점차 많아지자 리스본 치아두 Chiado에 첫 매장 '아 비다 포르투게사'를 오픈했다. 오래된 공방이나 장인들과 파트너십을 맺고 자체 제품도 개발하는 등 다양한 상품을 선보이며 포르투갈 대표 브랜드로 자리매김했다.

포르투갈 전통 꽃무늬가 수놓인 리넨 매트, 올리브오일 비누, 1920년부터 이어 온 전통의 면도 크림 등이 대표적인 상품이다.

어머! 이건 꼭
사야 해!

↑ 책과 직물, 비누 등 기념품으로 살 만한 제품이 가득하다. ↗ 포르투갈 현대 화가인 사라 아폰소(Sarah Affonso). 그녀의 작품은 소품, 노트, 장신구 등 여러 제품으로 제작되어 독점 판매 중이다.
↓ 아 비다 포르투게사는 매장마다 인테리어가 다르고 특색 있어서 구경하는 재미가 있다.

쿠토 치약 Couto

100년 역사를 자랑하는 포르투갈의 국민 치약. 포르투에 방문했으니 사지 않을 수가 없다. 밝은 노란빛으로 가득한 숍 안에는 치약 외에도 로션, 핸드크림, 쉐이빙 크림 등 선물하기 좋은 상품이 많다. 특히 상큼한 컬러에 아줄레주 문양의 패키지가 너무 예뻐서 달랑 치약만 사서 나오기란 정말 힘든 곳이다. 다만 카드 결제는 되지 않고 현금만 가능하다(조만간 카드 단말기도 설치할 예정이라고 한다). 참고로 브레이크 타임이 있으니 시간을 확인하고 가야 한다.

R. de Cedofeita 330, 4050-109 Porto

코라상 알레크림 Coração Alecrim

알록달록 귀여운 문을 그냥 지나치기 어렵다. 사람과 지구를 위한 'beautiful things'가 모토인 가게에는 핸드메이드 제품과 빈티지 소품들이 가득했다. 한편에는 사용한 흔적이 많은 책, 장난감들을 판매하는데 플리 마켓처럼 고르는 재미가 있다. 그렇지만 덥석덥석 집을 가격이 아니기에 망설이는데 옆에서 "엄마! 난 이거." 빙그레 웃으며 작은 종을 들고 있는 민유 :-)
Travessa de Cedofeita, 28 Porto

아르마젱 리호스 Armazem dos Linhos

"어떤 것이 포르투갈 패브릭인가요?"
"여기 모든 패브릭이 다 포르투갈에서 디자인하고 만든 거예요." 선한 얼굴의 사장님이 웃으며 대답했다. 1905년 문을 연 이곳은 전통 포르투갈 문양이나 거기서 영감을 받은 오리지널 패브릭을 제작, 판매한다. 나는 고심 끝에 포르투의 상징인 Alcobaça chintz(블루 컬러에 닭이 그려진) 원단을 골랐다.
R. de Passos Manuel 15, 4000-380 Porto

클라우스 포르토 Claus Porto

1886년부터 이어져 내려온 130년 전통의 수제 비누. 왕실 비누로 현재는 세계 유명 인사들이 애용하는 것으로 알려져 있다. 가격은 비싼 편이지만 향이 좋고 특히 패키지가 예뻐서 빈손으로 나오기 힘들다. 선물용으로 추천.
Rua das Flores, 22 4050-262 Porto

메이아 두지아 Meia duzia

다양하고 맛있는 잼이 병이 아닌 튜브에 들어 있는 것으로 유명한 곳. '이곳 손님은 온통 한국인뿐이다'는 구글 리뷰를 읽고 웃음이 났다. 왜냐면 우리가 방문했을 때도 정말 그랬기 때문이다. 모든 잼은 시식해 볼 수 있는데 작은 스푼에 원하는 잼을 조금씩 짜 줬다. 그러다 손님이 많아져서 직원이 다른 손님을 응대하러 갔다. 아이들은 물 만난 고기처럼 직접 짜 먹느라 정신이 없었다. 선물용으로 열 개를 샀는데 집에 돌아오자 민유는 절대 줄 수 없다고, 모두 다 우리가 먹자며 완강한 의사를 밝혔다. 그 좋아하는 이모들을 만날 때도 잼 대신 비누를 들고 갔다(내 비싼 비누를…).

Tv . da Bainharia n.º 2 a 8, 4050-253 Porto

아르마젱 Armazem

창고란 뜻의 아르마젱은 버려진 포트 와인 창고를 개조해서 만든 빈티지 숍이다. 450평이 넘는 넓은 공간에는 오래된 빈티지 상품들이 가득하다. 6개의 숍이 입점되어 있는데 서적, 가구, 의류, 미술품 등 상품들이 다양해 구경하는 데만도 한참이 걸린다. 타파스 바에서는 음료와 간단한 식사를 할 수 있다. 다만 가격이 그리 저렴하지는 않아서 우리는 오래된 책과 예전에 만들어진 아줄레주 타일만 구입했다. 물론 집에 와서는 더 업어 오지 못한 것을 후회했다는….
힘닿는 데까지 샀어야 했다.
(이곳에서 구입한 타일은 이사 가는 새집 한쪽에 고이 붙여 두었습니다.)
Rua de Miragaia 93, 4050-430 Porto

낡고 허름해 보이는 외관과는 다르게 내부는 꽤 세련되고 감각적이다.

포르투에서 가장 아티스틱한 거리
RUA DE MIGUEL BOMBARDA

포르투에서 가장 아티스틱한 마구엘 봄바르다 거리Rua de miguel bombarda를 알게 된 건 리카르도(툭툭 투어 때 만났던) 덕분이다. 거리는 전통적 아줄레주와 현대적 그래피티가 어우러져 활력이 넘친다. 건축과, 미술학과 학생들과 크리에이터들을 중심으로 살롱이나 크고 작은 갤러리가 활성화되어 있다.

오! 갤러리아 O! Galeria

툭툭 투어로 우리에게 예술 거리를 소개시켜 준 리카르도는 그중에서도 '오! 갤러리아'를 추천했다. 귀여운 나무 문을 열면 온 벽면 가득 사랑스러운 일러스트 작품들이 모자이크처럼 붙어 있다. 이곳에는 70여 명의 로컬 일러스트레이터의 오리지널 작품과 엽서, 프린트를 구입할 수 있다. Rua de Miguel Bombarda 61, 4050-381Porto

고전적인 아줄레주 기념품에 질린 사람들에게 추천하는 감각적이고 현대적인 풍경 엽서.

콜렉터스 로자 Collectus Loja

세 명 모두 환호성을 지르며 작은 가게에서 한참을 머물렀던 곳이다. 빈티지 우표, 엽서, 동전, 지폐, 성냥, 캔, 장난감, 달력, 트레이딩 카드, 오래된 잡지 등 어떤 것을 골라야 할지 결정 장애가 생길 정도로 상품이 다양하기 때문이다. 봄바르다 거리와 함께 예술 지구로 속하는 세도페이타 지구에 위치한다. Travessa de Cedofeita 8A/8D Porto

연도별 우표 세트 2유로

재미있는 것들로 가득한 보물 창고 같은 상점들. 쾌활한 일러스트가 그려진 엽서와 티셔츠가 가장 인기가 많다고 한다.

두 번째 숙소는 상 벤투 역 앞

RUA DE MIGUEL BOMBARDA

포르투에서 숙소를 두 군데로 잡은 건 순전히 민유가 다락방과 전망 좋은 집을 원했기 때문이다. 반면 나는 짐을 들고 많은 계단을 오르는 것이 싫어서 무조건 엘리베이터가 있는 곳을 찾았다. 그렇게 사이좋게 도루 강이 보이는 전망 좋은 집과 엘리베이터가 있는 집으로 두 곳을 예약했다. 두 번째 숙소는 상 벤투 역 길 건너편 플로레스 거리 초입에 위치한 복층 구조의 집으로 에어비앤비에서도 인기가 많은 곳이다. 커튼만 젖혀도 상 벤투 역이 정면으로 보인다. 테라스에서 맥주 한잔 마시면 뭔가 여행 온 분위기가 제대로 날 것 같았다.

이건 파리로 치면 에펠탑 앞 숙소와 같은 꿈의 장소가 아닐까?

'애들이 보면 너무 좋아하겠지?'

점심을 먹고 첫 번째 숙소를 나와 두 번째 숙소를 찾았다. 트렁크를 끌고 오르막 돌길을 가는 것은 조금 힘이 들었지만 상 벤투 역 앞이라 찾는데 전혀 어려움은 없었다. 하지만 엘리베이터에서 내려 비밀번호를 누르고 문을 여는 순간! 짜잔~ 아이들은 다시 전 숙소로 가자고 아우성을 쳤다. 널따란 6인용 플랫에서 지내다가 전형적인 에어비앤비 3인용 숙소로 오니 눈에 차지 않은 것이다. 사진에서 봤을 때보다 낡고 깔끔하지 못한 청소 상태에 나 또한 실망했다. 또 언제부터 식기세척기를 썼다고 없으니 갑자기 요리하기가 싫어졌다.

사람의 마음은 간사한 것. 이곳에 먼저 왔다면 우리 모두 상 벤투 역이 보이는 테라스에서 감탄하며 소리를 질렀을지도 모른다.

아침마다 즐거운 조식으로
그래도 위치 하나는 최고로 좋아서 어디든 도보로 다닐 수 있었다. 바로 건너편에는 유명한 에그타르트 가게인 '파브리카 다 나타 Fabrica da Nata'가 있다. 상 벤투 역을 오가는 사람이 많아서인지 8시에 문을 연다. 에그타르트는 개당 1유로이고 음료와 에그타르트가 포함된 샌드위치 세트는 4.9유로. 샌드위치는 크고 실하며 에그타르트는 두말할 필요도 없이 바삭하고 달콤해서 아이들은 아침마다 가게에서 조식을 받아 왔다.

세 명이서 함께 그린 상 벤투 역. 왼쪽부터 민소, 오른쪽 위는 나, 오른쪽 아래는 민유가 그렸다.

숙소 테라스에서 바라본 상 벤투 역

숙소 건너편에서 아침마다 사 온 샌드위치 세트. 에그타르트와 음료까지 포함해서 4.9유로. 당시 환율로 우리 돈 6,600원 정도.

포르투에서 파리의 감성을
Vogue Café Porto

조용하고 평범한 거리와는 다르게 카페 안은 굉장히 현대적이고 세련된 분위기였다. 카페에 들어서자 모델 같은 외모의 서버가 밝게 웃으며 "무엇을 도와드릴까요?" 물었다. '무슨 뜻이지(카페에 오는 이유가 따로 있나)?' 고개를 갸우뚱했다. 그녀는 음료만 마실 건지 식사를 할 건지 물었다. 점심을 먹을 거라고 대답하니 안쪽으로 안내했다. 바깥쪽은 캐주얼한 인테리어의 카페이고 안쪽은 좀 더 드레시한 느낌의 레스토랑이다. 런치 메뉴는 스타터와 메인, 커피로 구성되어 있다. 아이들은 수프와 돼지고기 요리를, 나는 샐러드와 씨푸드 감바스를 주문했다. 조금 아쉬웠던 건 런치에 포함된 커피를 다른 음료로 바꿀 수 없다는 것. 할 수 없이 내가 두 잔(따뜻한 커피 한 잔, 차가운 커피 한 잔)을 마시고 민유 음료는 추가로 주문했다. 따뜻한 포카치아와 버터가 먼저 나왔는데 배가 고파서 그런지 정말 꿀맛이었다. 포르투갈은 식전 빵이 유료인 곳이 대다수다. 주문하지 않아도 나오는 경우가 많은데 모르고 먹었어도 그 값을 치르는 것이 통상이다(먹고 싶지 않다면 '노 땡큐.'라며 물려야 한다). 버터와 오일이 부족해서 서버에게 더 줄 수 있냐고 물으니 "당연하죠! 빵도 더 줄까요? 무료이니 더 먹어요."라며 예의 바르게 대답했다. 스타터로 나온 샐러드 또한 이제 막 밭에서 캐 온 것 같은 신선함이 마음에 들었다. 포르투에서 만난 보그 카페는 신선한 샐러드만큼이나 모든 분위기가 파리에 온 것처럼 우리의 기분을 신선하게 해 주었다.

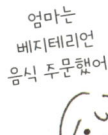

R. de Avis 10, 4050-075 Porto

오 디플로마타 O Diplomata

폭신폭신하고 부드러운 팬케이크 위로 신선한 과일, 아이스크림을 차례로 올리고 시럽과 코코넛, 아몬드 가루를 뿌리면 디저트계의 걸작을 맛볼 수 있다. 모든 것을 취향대로 선택할 수 있는데 힘들면 베스트 메뉴를 주문하면 된다. 민유는 메뉴에 오레오가 적힌 것을 보고 주문했는데 그건 '오레오 카페라떼'라서 아이가 먹을 수 없는 것이었다. 하지만 친절한 서버는 메뉴에는 없지만 특별히 오레오 스무디를 만들어 주었다. 정말 팁을 놓고 오지 않을 수 없는 친절함이다.

Rua de José Falcão 32, 4050-198 Porto

푸루 Puro 4050

이제 포르투갈 전통 음식은 질린다는 아이들을 위해 방문한 이탈리안 레스토랑. 먹물 스파게티는 너무 맛있어서 한 접시 더 주문했다. 서버들이 모두 친절했다. 특히 아이에게 친근하게 대해 민유가 좋아했다. 우리는 고수를 싫어하는데 주문할 때 고수라는 단어만 말했는데도 척하니 알아들어서 모두 웃었다.

Largo São Domingos 84, 4050-545 Porto

크레모시 Cremosi-Mouzinho

숙소 창 너머로 보이는 아이스크림 가게에는 늦은 밤까지 손님이 끊이지 않았다. 아이스크림 덕후인 아이들은 바로 다음 날 방문했고 한 숟가락 입에 넣자마자 쓰러졌다. 가격과 맛 모든 면에서 훌륭해 '자기 전 생각나는 맛'이라고 할 수 있다. 젤라또 중에서는 포트 와인 맛이 가장 인기다.

R. de Mouzinho da Silveira 342, 4000-069 Porto

카페 델타 큐 Cafe Delta Q

보통 만데가리아 카페로 알고 있는 이곳의 명칭은 '카페 델타 큐'이다. 델타 큐 커피 회사가 에그타르트로 유명한 만데가리아와 파트너십으로 운영하고 있다. 인테리어가 깔끔하고 맛도 꽤 좋다. 우리는 점심을 먹자마자 들렀는데도 샌드위치와 에그타르트 모두 남김없이 깔끔하게 먹어 치웠다.

R. de Alexandre Braga 2, 4000-409 Porto

해리 포터의 아이들
HARRY POTTER PORTO FREE TOUR

포르투는 해리 포터 덕후들의 성지 중 하나다. 실제로 내가 포르투갈에 간다고 하자 해리 포터 때문에 가는 거냐고 묻는 친구들도 있었다. 그건 바로 해리 포터의 작가 조앤 롤링 Joanne Rowling이 잠깐 동안의 결혼 생활을 여기 포르투에서 했고 이혼 후에도 이곳에서 집필을 시작했다고 전해지기 때문이다.

그 대표적인 곳이 바로 렐루 서점 Livraria Lello이다. 이층으로 올라가는 독특한 곡선의 계단은 소설 속 움직이는 계단의 모티프가 됐다. 덕분에 세계에서 가장 아름다운 서점이라는 명성이 더해져 이곳은 비수기에도 문전성시를 이룬다. 입장권을 판매하는 부스가 옆 골목에 따로 있을 정도다. 그래도 다행인 건 책을 구입하면 입장권 가격만큼 할인을 받을 수 있다. 사람이 너무 많아 온전히 서점을 즐기기는 힘들지만 그래도 민소는 매의 눈으로 독특한 그림책 한 권을 골라 구입했다. 민유는 해리 포터 모형 굿즈를 너무 갖고 싶어 했지만 가격에 비해 품질이 좋지 않아서 사 주지 않았다(덕분에 민유는 단단히 삐졌지만).

나와서는 입장할 때 빨리 들어가고 싶은 마음에 미처 보지 못했던 서점 외관을 찬찬히 뜯어보았다. 아르누보와 신고딕 양식이 우아하게 어우러진 아름다운 건물이었다.

여기서 큰 반전이 하나 있는데 정작 조앤 롤링은 CNN과의 인터뷰에서 포르투에 살면서 한 번도 렐루 서점에 방문한 적이 없다고 말했다(아이들에게는 비밀로).

해리 포터의 아이들이 방문해야 할 곳으로는 서점 근처 '고메스 테이세이라 광장 Gomes Tixeira Square' 분수대가 있다. '사자 분수 Fonte dos leoes'라고 불리는데 이 분수의 날개 달린 네 마리 사자들이 책 속 '그리핀도르'의 문양이 되었다고 한다.

또 바로 옆에는 아줄레주 벽면으로 유명한 '카르모 성당 Igreja do Carmo'과 '카르메리타스 성당 Igreja dos Carmelitas'이 있다. 얼핏 보기엔 한 건물 같지만 사실 두 건물 사이에는 일명 세상에서 가장 좁은 건물이 있다. 수녀와 신부의 경계를 두기 위해서 건물 사이에 만들어졌단다. 성당 두 개를 붙여서 지을 수 없는 포르투갈 법 때문이라는 설도 있다. 이 건물 역시 조앤 롤링에게 시리우스의 은신처(그리몰드 광장 12번지)에 대한 영감을 줬다.

또 다른 성지로는 일명 조앤 롤링 카페로 불리는 '마제스틱 카페 Majestic cafe'가 있다. 1921년 문을 연 이곳은 당대 지식인과 보헤미안의 사교 중심지였다고 한다. 그녀는 마제스틱 카페에서 <해리 포터와 마법사의 돌>을 작업한 것으로 알려져 있다. 우리는 두 번 방문했는데 처음엔 일요일이라 문이 닫혀 있었고 두 번째는 늦은 시간이라 문이 닫혀서 들어가지는 못했다. 당시에는 너무 붐비고 가격도 비싼 관광지 같아 '굳이 갈 필요는 없지 않나' 싶었는데 다녀와서는 못내 아쉽다는 생각도 든다.

사자 분수 Fonte dos Leões

렐루 서점을 등지고 오른쪽에 있는 광장 분수. 네 마리의 날개 달린 사자가 물을 뿜고 있다. 포르투갈에 있는 몇 안 되는 분수 중 하나로 19세기에 만들어졌다. 해리 포터에서 그리핀도르 기숙사를 상징하는 사자 이미지가 여기서 유래되었다고 한다.

Rua Santa Catarina 112, 4000-442 Porto

마제스틱 카페 Majestic Café

조앤 롤링이 단골로 유명한 카페. 1921년 문을 열었고 지식인과 보헤미안의 사교 중심지였다. 그녀는 영감이 떠오를 때마다 냅킨에 메모를 했다고 전해진다. 여기서 <해리 포터와 마법사의 돌>을 집필했다고 한다.

Rua Santa Catarina 112, 4000-442 Porto

렐루 서점 앞의 가더
표를 받는 역할을 하는데 복장마저 해리 포터에 나오는 등장인물 같다.

코임브라 교복
호그와트 마법 학교 학생들은 긴 망토를 두르는 교복을 입는다. 안에는 흰색 셔츠에 넥타이를 매고 베스트나 스웨터도 입는다. 조앤 롤링은 그것의 영감을 포르투 남쪽에 위치한 코임브라 대학 교복에서 얻었다. 포르투를 다니다 보면 곳곳에서 이런 복장을 한 젊은이들을 만날 수 있다(다른 대학들도 모두 이런 복장인가 봅니다). 특이한 건 교복은 고등학생은 입지 않고 대학생만 입으며 망토는 4년 내내 빨지 않는 것이 관습이다.

<해리 포터>의 '움직이는 계단'의 모티프가 된 층계는 인증 샷을 찍으려는 사람들로 가득하다(여기서 단독 샷을 찍기란 거의 불가능하답니다).

렐루 서점 Livraria Lello

1906년 렐루 형제가 만든 서점이다. 다이애건 앨리의 서점인 플로리시 앤 블로츠에 영감을 주었다. 내부도 아름답지만 외부 역시 아르누보와 신고딕 양식이 어우려져 독특한 건축물로 유명하다. 세계에서 놀랍고 아름다운 서점 중 하나로 꼽힌다.

Rua Carmelitas 144, 4050-161 Porto

세할베스에서 꽉 찬 하루
Parque de Serralves

포르투에는 다른 도시에 비해 미술관이 별로 없나 보다 했다. 하지만 시간이 남아 방문한 '세할베스'는 우리에게 단비와도 같은 즐거운 하루를 선사해 주었다. 하얀 곡선의 단아하면서도 현대적인 건물은 낯설지가 않다. 주말에 아이들과 자주 들렀던 파주 출판 단지의 미메시스 카페(드라마 촬영지로도 인기가 많다)를 디자인한 '알바루 시자 Alvaro Siza'의 작품이기 때문이다.

입구에 들어서자 두 갈래 길이 보였다. 마침 직원 아저씨가 있길래 어디로 가야 하냐고 물으니 무뚝뚝한 첫인상과 달리 웃으며 따라오라고 눈짓했다. 입간판처럼 크게 서 있는 지도를 가리키며 미술관과 정원, 저택까지 자세히 설명해 주었다. 미술관 건물 입구에는 아주 커다란 나무가 하나 있었는데 아이들은 이게 또 뭐라고 한참을 구경하고 사진 찍느라 들어갈 생각을 하지 않았다. 전시는 꽤 괜찮았다. 전혀 모르는 작가들이지만 현대미술이 그렇듯 재미있는 오브제들의 조합이 흥미로웠다. 런던 미술관에서 예수님의 다양한 초상화 파티에 지루해하던 민유도 세할베스에서는 이리저리 왔다 갔다 하며 전시를 즐겼다.

점심은 미술관 3층에 있는 뷔페 레스토랑을 이용했는데 정말 헌드레드 퍼센트 만족할 만한 곳이다. 사실 우리는 진작에 바칼라우와 뽈보 등 포르투갈 전통 음식에 질려 있었다. 아이들은 모두가 만족한다는 해산물 리조또도 싫어했다. 그런데 숲이 보이는 레스토랑 뷔페에서 담백하고 깔끔한 음식을 먹으니 내 오감이 춤을 추는 것 같았다. 솔직히 전시보다 더 인상적인 점심 한 끼였다.

우리는 양이 적은 걸 한탄하며 비젤라^{Vizela} 백작의 저택 '까사 드 세할베스^{Casa de Serralves}'로 향했다. 미술관과는 꽤 떨어져 있었는데 사이사이 공원에는 멋들어진 조각품이 여럿 있었다. 아이들은 여행 오기 전 준비한 포토 카드를 찍느라 한참, 지나가는 고양이 쫓아다니느라 또 한참을 공원에서 보냈다. 드디어 핑크색의 화사한 저택에 도착해서는 정작 전시 관람은 순식간에 마치고 또 밖으로 나가자며 나를 졸랐다. 그래도 밖에서도 이렇게 재미있게 즐기니 관람권이 아깝지 않구나. 외부에서 본 저택의 느낌은 또 다른 매력이 있었다. 마치 데이비드 호크니의 캘리포니아 연작을 보는 것처럼 현대적이면서 우아했다. 생각보다 너무 넓은 정원과 숲길에서 아이들은 곧잘 사라졌다 나타났다를 반복했다. 그때마다 민유의 방울 소리가 멀어졌다 가까워졌다 반복됐다. 더할 나위 없이 좋은 하루였다.

our Aveiro

포르투갈의 베네치아
아베이루는 아름다운 건물들과 운하로 유명하여 포르투갈의 베네치아로 불린다. 오래전부터 로마인의 소금 수출의 중심지였고 지금도 기념품으로 많이 판매된다.

위치
포르투갈 센트루 지방에 위치한다. 대서양과 맞닿아 있고 북쪽으로는 포르투, 남쪽으로는 코임브라와 접해 있다. 포르투에서 기차로 40분 거리다.

운영 시간
미술관, 박물관은 대부분 월요일 휴무, 6시까지 운영한다. 레스토랑은 늦은 시간에서 새벽까지 문을 여는 곳이 많다.

교통
기차 - 포르투 상 벤투 역에서 승차. 브라가를 잇는 노선이 아베이루를 통과한다.
버스 - 포르투, 리스본을 연결한다.

즐길 거리
아름다운 건축물 - 15세기부터 20세기까지 지어진 건축물들. 아르누보의 보고라 불리는 미술관이 있을 정도로 아르누보와 로마네스크 건축물이 많은데 이 건축물들은 브라질에서 온 부유한 가문에 의해 지어졌다.
아베이루 예수 수도원 - 15세기에 지어졌고 성 조아나 수녀원으로 알려져 있다.
운하 - 곤돌라. 한때 해초를 수집하는 데 사용되던 배 몰리세이로스(moliceiros)를 타면서 관광하기 좋다.

갈까 말까 망설여질 때는
GO TO AVEIRO

새벽부터 내린 비로 공기는 쌀쌀했다. 포르투에서 기차로 1시간 남짓한 거리의 '아베이루 Aveiro'에 갈까 말까 잠시 고민했다. 그냥 숙소에서 그림이나 그리며 놀까? 지금 이대로도 재밌고 우리는 만족했다. 사실 유럽 도시가 다 거기서 거기니까, 많이 보는 것보다 자세히 보는 것이 좋으니까 오늘은 그냥 집에 있을까? 하지만 고민 끝에 우리는 결국 무거운 엉덩이를 떼기로 결정했다. 숙소와 길 하나를 사이에 두고 있는 상 벤투 역으로 향했다. 티켓 창구에서 '아베이루'행 기차표를 구입하려는데 직원이 검색했던 가격의 두 배를 달라고 했다. 내가 알고 있는 가격을 말하자 마르고 나이 든 남자 직원이 교양 있는 말투로 그것은 편도 가격이라고 친절하게 설명해 주었다. "하하;; 그렇군요." 난 어색한 웃음을 지으며 표를 받아 들었다. 이곳 사람들은 대부분 친절해서 작은 오해가 있어도 항상 기분 좋게 마무리되어 좋다.

기차는 포르투를 벗어나 외곽을 향해 달렸다. 아베이루는 생각보다 가까웠고, 도착하자 거짓말처럼 비가 그치고 아침보다 따뜻해져서 재킷을 벗어야 했다. 도착한지 10분이 넘기 전에 나는 생각했다. '정말 오길 잘 했어. 갈까 말까 망설여질 때는 가는 것이 맞아.'

갈까 말까
망설여질 때는
가는 것이 진리!

아베이루 대성당과 박물관
Museu de Santa Joana Aveiro

수녀원 직원은 우리에게 작은 지도를 펼쳐 보여 주었다. 여기만 관람하면 4유로지만 패키지 티켓을 구입하면 여기를 포함해 네 곳을 관람할 수 있다는 설명을 해 주었다. 패키지 티켓은 1유로 비싼 5유로다. 그럼 당연히 후자이지. 푸근한 인상의 그녀는 지도에 모두 표시를 해 주었다. 전혀 기대를 하지 않아서인지 수녀원은 생각보다 크고 훌륭했다. 성당 내부의 바닥과 벽면, 천장까지 아름다운 그림과 대리석 양각은 수놓은 듯 화려했다. 15세기에 이곳에서 살았던 조아나 공주 Princess Joana 의 예술품, 아줄레주와 아름다운 무덤을 지나 안뜰로 갔다. 아치 기둥의 낡은 수녀원을 걸으니 마치 시간을 거슬러 과거를 여행하는 듯한 느낌이 들었다. 신기한 건 이 좋은 곳에 관람객이 우리 셋밖에 없다는 것이었다. 우리가 만난 직원은 1층에서 두 명, 2층에서 두 명으로 관람객 수보다 많았다. 모두가 친절했다. 우리가 지나갈 때면 미리 문을 열어 주었다. 수도원과 연결된 박물관은 어찌나 조용하던지 우리가 이야기하는 소리와 걸어가는 소리까지 들렸다. 우리는 견학 온 아이들처럼 깔깔거리다 조용히 하고, 시끌벅적 동영상을 찍다가 조용히 하기를 반복했다.

Av. Santa Joana, 3810-164 Aveiro

🟢 놓치지 말아야 할 것   조아나 공주의 무덤 grave of Princess Joana

대리석에 상감 기법으로 조각한 바로크 예술의 걸작으로 평가받는다. 존 아투네스 John Antunes에 의해 설계되었다.

게란 비린 맛이 조금 나네요.

오보스 몰레스는 리스본 공항에도 입점해 있어서 아베이루를 방문하지 않은 사람들도 기념으로 구입 가능하다.

콘페이타리아 페이시뉴 Peixinho

아베이루의 특산품인 오보스 몰레스 ovos moles를 판매하는 카페. 오보스 몰레스는 에그타르트처럼 16세기부터 수녀들의 레시피로 만든 전통 디저트이다. 바삭한 과자를 베어 물면 달콤하고 부드러운 달걀 크림 맛이 난다. 페이시뉴는 '작은 물고기'라는 뜻이다. 그래서인지 조개, 해초 등의 모양 중에 가장 인기 있는 것은 정어리다. 카페는 마치 '그랜드 부다페스트 호텔'에 등장하는 과자점처럼 아름다운 색감의 인테리어와 달콤한 디저트들을 자랑한다.

Rua de Coimbra 9 3810-086 Aveiro

커피 마시는 법
how to drink coffee

유럽에서는 아이스 커피 메뉴가 없는 곳이 많다. 대신 얼음이 담긴 컵과 에스프레소를 주는데 둘을 섞으면 미지근해서 별로다.

시원하게 마시려고 커피가 식을 때까지 기다리고 있는데 지나가던 직원이 서비스라며 얼음 컵에 커피를 부어 버렸다.

결국 미지근한 커피 완성!

again
Lisbon

북쪽 여행을 마치고 다시 남쪽 도시 리스본으로 돌아왔다. 리스본행 기차는 사람이 너무 많았다(다음에는 필히 1등석을 예약해야겠다는 교훈을 얻었다). 트렁크 선반도 만원이어서 내 트렁크를 놓을 자리가 없었다. 좌석도 좁아 당황했는데 다행히도 건너편 자리에 앉은 남자분이 트렁크를 번쩍 들어 위에 올려 주었다. 그리고 내릴 때도 미리 알고 내려 주어서 천사가 아닌가 싶었다.

새로운 숙소는 호시우 광장 근처였다. 문을 열고 들어가자 이번에도 테이블 위에는 웰컴 와인과 에그타르트, 쿠키가 우리를 반겼다. 거기에 발렌타인데이 초콜릿까지. :-)

굴벤키안 박물관
Museu Calouste Gulbenkian

언젠가부터 목적지를 찾아가는 여행의 여정이 간소화됐다. 예전에는 일정을 짜면, 그곳의 주소와 교통수단 등을 일일이 노트에 적었다. 그런데도 찾아가다 보면 길을 헤맬 때가 많아서 현지인에게 도움을 요청하곤 했다.

요즘은 수시로 핸드폰을 이용해 위치를 확인하고 인터넷으로 검색할 수가 있다. 목적지도 주소 입력 후 클릭만 하면 우버가 찾아와서 문 앞까지 모셔다 주니 정말 편한 세상이다. 물론 비용이 많이 발생할 경우, 여전히 지하철과 버스를 애용하지만 말이다. 포르투갈은 다른 서유럽에 비해 물가가 저렴해서 우버를 타는 것에 부담감이 없었다. 특히 우리는 세 명이니 가까운 곳은 버스보다 우버가 더 경제적일 때가 많았다.

리스본에 가면 '굴벤키안 박물관'에 꼭 들르라는 지인의 의지에 찬 당부가 있었다. 무뚝뚝한 기사 아저씨는 인사도 제대로 하지 않은 채 출발했다. 한참을 달려 목적지에 거의 다다랐을 때 갑자기 호탕하게 연기하듯 웃으며 곧 도착한다고 알렸다. 갑작스러운 아저씨의 친근함에 살짝 당황했는데 그는 손가락을 쫙 펴며 '별 다섯 개'라고 외쳤다. 우버 평점에 별 다섯 개를 달라는 뜻이었다. "물론이죠." 나는 웃으며 대답했다. 그렇지만 그러면 진짜 친절한 기사들에게 불공평하므로 그 아저씨의 평점은 건너뛰었다.

박물관 안에는 견학 온 학생들이 꽤 있었다. 귀여운 병아리 떼 꼬마 무리와 고등학생으로 보이는 청소년들이었다. 인상적인 건 고등학교 선생님으로 추정되는 남성. 편의상 선생님이라 부르겠다. 작품에 대한 진지하고 자세한 선생님의 설명과 그것을 듣는 학생들의 태도가 눈길을 끌었다. 우리도 옆 의자에 앉아 덩달아 귀를 쫑긋 세웠다. 런던이나 북유럽의 미술관에서 가장 부러운 건 찬란한 문화유산보다 그것을 어린 세대와 공유하고 충분히 제공하는 교육 환경이었다. 아줄레주도 예쁘지만 우리나라의 달 항아리 백자도 얼마나 예쁜데…(마음 같아서는 여기에 하나 가져다 놓고 싶다).

굴벤키안 박물관은 크게 두 가지 전시로 나누어진다. 칼루스트 굴벤키안이 유럽, 아프리카, 아시아 등 세계 곳곳에서 모은 컬렉션을 전시한 본관과 20세기 포르투갈 작품을 중심으로 전시한 현대 미술관이다.
두 건물 사이는 녹음이 가득한 정원과 오솔길로 연결되어 있어 중간에 피크닉을 즐기는 사람들도 많다. 물가에는 청둥오리들이 많았는데 갓 태어난 아가 오리들이 어찌나 귀엽던지 아이들은 어느 미술품을 볼 때보다 흥미진진하게 한참을 바라봤다.

칼루스트 굴벤키안 Calouste Gulbenkian

굴벤키안 박물관은 세계에서 가장 중요한 개인 미술 컬렉션 중 하나다. 칼루스트 굴벤키안1896~1955은 아르메니아계 튀르키예인으로 아버지의 사업을 이어받아 석유 사업을 했다. 제1차 세계 대전의 발발로 석유 소비가 증가하자 대부호가 되었다. 어린 시절부터 미술품에 관심이 많았던 그는 동전을 수집했다. 그리고 어른이 되어서는 세계 여러 나라를 다니며 수많은 예술품을 수집해 소장했다. 굴벤키안은 제2차 세계 대전 이후 파리에서 리스본으로 이주해 생을 마감할 때까지 리스본에서 살았다. 해 질 무렵이면 택시를 타고 리스본 시내를 돌아다녔다고 한다. 리스본의 언덕과 바다가 그가 태어났던 튀르키예와 닮아서였다. 굴벤키안은 86세의 나이로 사망했으며 수집품 전부를 리스본시에 기증했다. 굴벤키안은 고대 문명, 이슬람, 아시아 문화에 관심이 많았다. 박물관에는 소장품 6,000여 점 중에 약 1,000여 점이 전시되어 있다. 여러 나라에서 구입한 유리 세공품, 금속 세공품, 가구 등이 망라되어 있고 우리에게도 잘 알려진 인상파 회화 및 프랑스 장식 예술도 만나 볼 수 있다.

민소가 그린 오리들

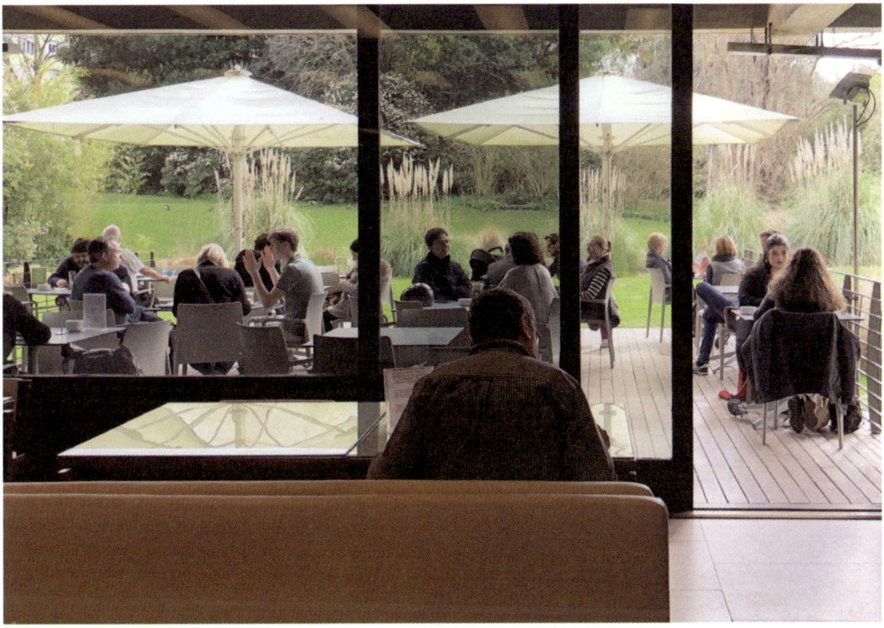

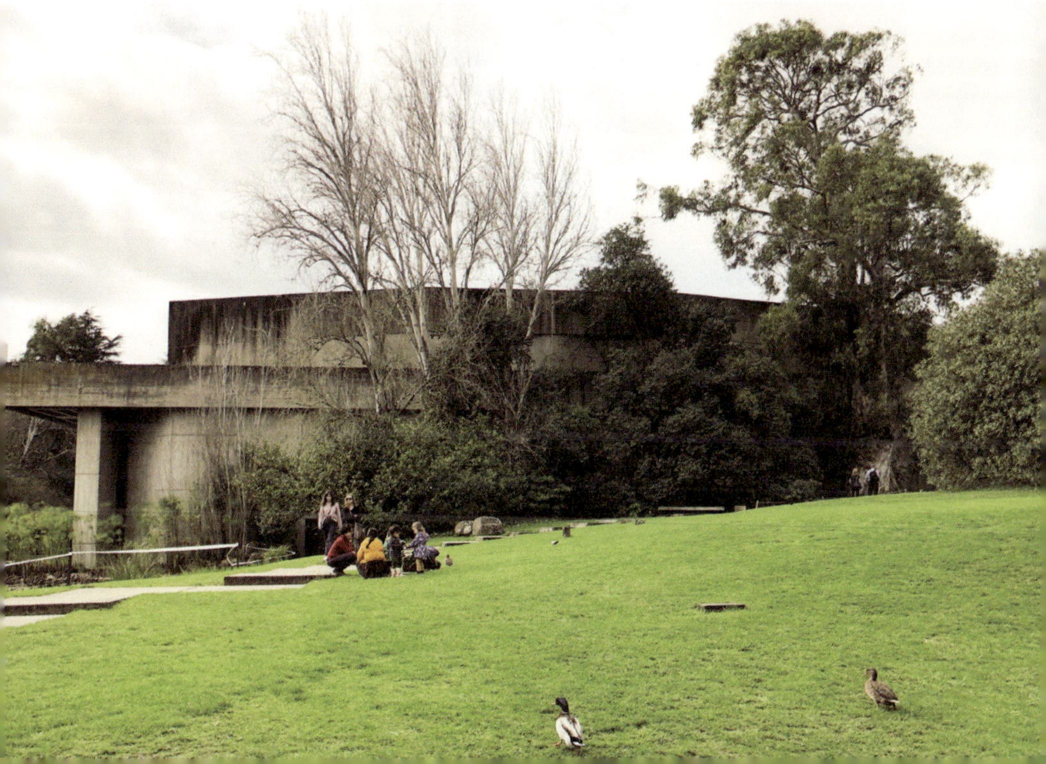

굴벤키안 박물관에서 놓치지 말아야 할 것들

알마다 네그레이루 josé de almada negreiros(1893-1970)
그룹의 자화상(AUTO-RETRATO NUM GRUPO) 1925
카페 아 브라질레이라에 모인 네 인물은 화가 자신과 여배우 두 명, 과학자이다.

민유가 반한 소년 초상화

알마다 네그레이루 josé de almada negreiros(1893-1970)
페르난두 페소아의 초상화(RETRATO DE FERNANDO PESSOA).
알마다는 같은 그림을 두 개 그렸다. 첫 번째는 1954년 Irmãos Unidos 레스토랑을 위해, 두 번째는 1964년 굴벤키안의 의뢰로 그렸다. 현대 미술을 대표하는 작품 중 하나로 평가받는다.

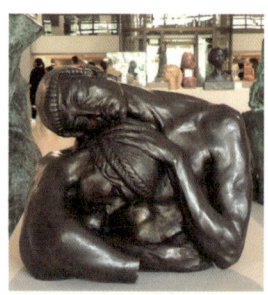

디아고 드 마케도 Diogo de Macedo
(1889-1959) O ADEUS 1920
사랑하는 연인의 작별하는 순간을 표현한 청동상.

분하다! 분해!
how annoying!

슬기로운 판화 수업
Art Printmaking

리스본을 떠나기 하루 전, 우리는 '아줄레주 판화 수업'을 신청했다. 낯가림이 심한 민소를 생각해서 이번에는 우리 셋만 하는 프라이빗 수업이다. 주소를 보고 근처까지는 찾아갔는데 상점이 아니라서 그런지 집을 찾기가 여간 어려운 게 아니었다. 지나가는 경찰에게 물어보니 대강 이 건물 같다고 했다(그런데 건물이 너무 커서 입구가 여러 개라는 것이 함정). 예정된 수업 시간이 5분 지나서 강사인 질리안Jillian에게 전화를 했다. 수화기 너머 상냥한 음성이 들려왔다. 잠깐만 기다리라고 하더니 옆 건물에서 질리안이 나왔다. 그녀를 따라 올라가는 계단은 무척 어두웠다. 한 층을 올라갈 때마다 스위치를 눌러야만 불이 켜졌다. 하지만 3층의 나무 문을 열자 어두운 극장에서 이제 막 영화가 시작되듯 밝은 스튜디오가 나왔다.

우리는 곧바로 수업에 들어갔다. 간단한 설명을 듣고 어떤 이미지로 할지 책과 자료들을 보며 구상했다. 일단 단순한 도형으로 할지, 문양으로 할지, 일러스트적인 드로잉으로 할지를 정하고 그에 맞는 도안을 조합했다. 이번에도 가장 의욕적인 사람은 민유. 제일 먼저 샘플 파일에서 제비를 골랐다. 거기에 조금 응용을 해서 자신의 방울(여행 중에 구입해서 분신처럼 가지고 다니던)을 함께 그려 넣기로 했다. 민소는 사슴을 선택했다. 나는 쉽게 결정을 내리지 못했다. 질리안에게는 자료가

많았는데 아름다운 윌리엄 모리스의 패턴집에 마음이 끌렸다. 중심에 토끼(내가 태어난 해의 띠)를 놓겠다니 말하니 그녀는 토끼 도안 몇 개를 찾아 주었다. 그리고 그에 어울리는 윌리엄 모리스의 잎사귀 문양도 추천해 주었다. 그녀는 능숙하고 전문적이었다. 전형적으로 일 잘하는 사람의 포스다. 아이들을 위해 차와 과일을 내주었는데 우리는 순간 환호성을 질렀다. 차는 커다란 티팟에 담아 왔고 멜론도 한 통을 전부 잘라 온 것 같았다. 프라이빗 수업으로 신청하길 잘했다는 생각이 들었다. 도안을 옮기는 작업은 생각보다 어려웠다. 판이 단단해서 손힘이 많이 들고 오래 걸렸다. 그러나 아이들은 생각보다 재미있는지 서로 의논하며 열심이었다. 물론 이번에도 내가 꼴등으로 완성했다.

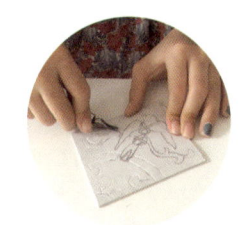

질리언은 영국 왕립예술대학을 졸업하고 워크숍 외에도 맞춤 제작하는 수제 벽지 디자이너로 활동 중이다.

신트라

신트라는 리스본 북서부에 위치한 작은 도시다. 울창한 숲과 여름 궁전, 미로 같은 매혹적인 대저택, 무어인들의 흔적 등 동화 같은 풍경으로 사랑받는 곳이다. 마을 전체가 세계 문화유산에 등재되어 있다.

위치

포르투갈 리스보아 지방 리스보아 현에 위치한 도시. 대륙의 끝이라 불리는 호카곶과 함께 포르투갈의 대표 관광지.

교통

기차 - 리스본에서 40분 거리. 리스본에서 당일치기로 다녀오기 편하다. 리스본 호시우 역에서 신트라 1일권을 구입해서 많이들 사용한다(신트라 내 교통편 무료).

즐길 거리

페나 성 - 19세기 낭만주의의 대표적 건축물. 왕실의 여름 궁전으로 사용되었다.

신트라 궁전 - 포르투갈 내에서 가장 잘 보존된 중세의 왕궁 중 하나. 천장에 백조들이 그려진 '백조의 방'이 유명하다.

호카곶 - 카보 다 호카 Cabo da Roca. 세상의 끝, 유라시아 대륙 최서단이다. 포르투갈 시인 루이스 카몽이스의 '여기 땅이 끝나고, 바다가 시작된다.'라는 말이 유명하다.

헤갈레이라 별장 - 브라질 출신의 사업가 카르발류 몬테이로가 지은 여름 별장. 넓은 정원에는 수로, 폭포, 지하 동굴, 미로 같은 계단 등 아름답고 신비한 볼거리가 풍성해 아이들과 방문하기 좋다.

토요일 신트라 여행
SINTRA

특별히 가고 싶은 곳이 있냐고 물어도 항상 "좋은 곳, 엄마가 알아서."라고 건성으로 대답하는 베짱이 같은 녀석들에게 여행 책자를 던져 줬다. 가고 싶은 곳을 고르라고 했더니 민유는 펼치자마자 한 곳을 가리켰다. 레몬과 자몽 빛의 궁전 사진이다. 자세히 보니 리스본에서 기차로 45분 거리인 신트라에 위치한다. 나는 조금 인위적인 느낌이 들어서 내키지 않았다. 그런데 모자이크 수업에서 만난 유학생에 이어 리스본 기차역에서 만난 모녀(대학원생 딸과 엄마)도 입을 모아 신트라를 추천했다. 신트라는 물론이고, 해 질 무렵 호카곶도 잊지 못할 풍경이란다. 볼 것이 많으니 당일 코스라면 아침 일찍 출발해야 한다는 당부도 했다.

'우리는 토요일 아침 일찍 호시우 역으로 향했다'고 말하고 싶지만 사실은 늦장을 부려서 10시가 넘어서야 겨우 집에서 나올 수 있었다. 출발 시간이 20분 넘게 남았지만 기차는 플랫폼에 이미 도착해 있었다. 몇몇 사람들은 밖에서 기다렸지만 우리는 들어가서 자리를 잡고 앉았다. 그건 탁월한 선택이었다. 포르투갈의 근교를 오가는 기차는 지정석이 따로 없다. 출발 시간이 다가오자 앞을 자리가 없어 서 있는 사람들이 많아졌다. 어렸을 때 할머니를 따라 탔던 무궁화호 열차가 생각났다. 30분 정도 지났을까? 뒤쪽에서 기타와 아코디언에 맞춰 노래하는 소리가 들렸다.

손뼉 치며 화음을 넣는 사람, 그럼에도 아랑곳하지 않고 신나게 이야기하는 사람 등 아주 정신이 없었다. 덕분에 지루하지는 않았다. 과자와 음료를 담은 카트가 지나다녀도 어색하지 않을 풍경이었다. 사실 그러면 좋겠다는 상상을 했다.
창밖으로는 대도시 근교의 다양한 풍경이 펼쳐졌다. 아름다운 풍경이 어느 정도 지나가자 빈민촌의 연립주택으로 보이는 건물들이 보였다. 베란다에 걸린 빨래가 처량해 보였다.
그때 갑자기 익숙한 멜로디가 흘러나왔다.
"벨라 차오~ 벨라 차오."
얼마 전 밤을 새우며 보았던 드라마 <종이의 집>에 나온 노래인데 그때도 좋아서 유튜브에서 찾아서 들었던 기억이 있다. 원곡은 이탈리아의 혁명가인데 세계적으로 번안이 많이 된 꽤 유명한 노래다. 아는 노래가 들리니 갑자기 기분이 너무 좋아졌다. 동전 바구니를 내밀며 지나가는 그들에게 기쁜 마음으로 가지고 있는 동전을 모두 투척했다. 지루한 표정으로 내 앞에 앉아 있던 여성도 즐거워하는 나를 보더니 밝게 미소를 지었다. 마치 '우리나라 노래를 좋아해 줘서 고마워요.' 하는 표정으로….
"오브리가도."
주는 사람도 받는 사람도 기분 좋은 순간이었다.

기차는 드디어 우리의 목적지인 신트라에 도착했다.

오! 이럴 수가! 기차의 그 많은 사람들은 모두 신트라 역에서 하차했다. 게르만족의 대이동처럼 개찰구부터 버스를 타는 정류장까지는 인산인해를 이뤘다. 특히 페나 성(민유가 고른 궁전)으로 가는 434번 버스가 가장 인기가 많았다. 긴 줄에 우리도 합세했는데 심지어 버스가 자주 오지도 않았다. 주말에 근교 여행이라니! 그건 우리나라에서도 차 막힐 각오를 하고 떠나는 여행인데 휴가 온 내가 다른 날 다 놔두고 토요일에 아이 둘을 데리고 여길 오다니…. 그래도 다행인 건 버스가 한꺼번에 두 대가 도착했고 직원들은 느리지만 굉장히 체계적으로 사람들을 태웠다. 운 좋게 우리 앞에서 사람을 꽉 채운 버스 한 대가 마감을 했다. 우리는 두 번째 버스에 맨 처음 탑승해서 원하는 자리에 앉을 수 있었다. 20분 정도 달린 버스는 산등성이의 페나 성 앞에서 멈춰 문을 열어 주었다.

페나 성에서 우린 무얼 보았는지

공원이라 쓰고, 숲이라 읽는다. 산기슭을 한참 오르니 드디어 자몽 빛의 궁전이 보였다. 이곳은 여름 궁전이라고도 불린다. 궁전의 실내는 아기자기하고 귀여웠다. 작은 방들이 소시지처럼 꼬리에 꼬리를 물고 이어졌다. 침실 방 창 너머 보이는 풍경은 완벽한 숲 뷰! 그야말로 장관이었다. 푸른 숲과 멀리 바다까지 보이는 풍경이 너무 예뻐! 이래서 여름 궁전이라고 부르나 보다. 페나 성은 실내보다 외관이 더 인기가 많다. 레몬, 자몽 빛 색감뿐 아니라 무어 양식, 마누엘 양식이 어우러진 독특한 건축물은 사진 맛집이라 불릴 정도로 여행자들 사이에서 인기다. 우리도 멋진 사진을 찍을까 시동을 걸려는 참에 아이들이 다투는 소리가 들렸다. 정확히 말하자면 민유가 언니에게 화를 낸 것이다. 민소는 무안해서 아무런 대꾸도 하지 않았고 얼굴은 눈물이

흐르기 일보 직전이었다. '저는 이런 하극상을 그냥 넘어갈 엄마가 아닙니다!' 민유는 내게 엄청 야단을 맞고 풀이 죽었다. 그다음부터는 세 사람 모두 죽상을 하고 누구 한 명 사진을 찍지도 풍경을 제대로 보지도 않았다.

친절하고 씩씩한 한국인

씩씩한 한국인을 만나기 전까지는 말이다. 삼각대를 앞에 두고 굉장히 크고 전투적인 동세로 열심히 셀카를 찍는 한국인이 있었다. "제가 찍어 드릴까요?" 다가가서 물으니 그녀는(어머! 남자인 줄 알았는데 여자였다.) 자기는 다 찍었다며 대신 우리를 찍어 주겠다고 위치를 잡았다. 내가 우리는 괜찮다고 지금 사진 찍을 기분이 아니라고 사양했지만 내 말은 전혀 듣지를 않았다.
"여기가 명당이에요. 사진 명당! 아치 사이에 한 명씩 앉으세요."
그녀는 대단히 적극적이었다. 사진 뷰 파인더에 걸리는 사람들에게는 큰 소리로 익스큐스 미(비켜 주세요)를 외쳤다.
"웃었으면 더 좋았을 텐데, 아쉽네요."
좋은 기운은 전염되는지 방금 전까지 너무 화가 났던 나도 덕분에 기분이 풀렸다.
"한국 분이세요? 저희 사진 좀 찍어 주실 수 있으세요?"
뒤를 돌아보니 예쁜 선남선녀 커플이었다.
"네! 물론이죠."
조금 전의 그녀처럼 최선을 다해 찍어 주었다.
저녁에 기차를 타고 집으로 오는 길에 이야기를 조금이라도 나누어 볼 걸, 그러지 못하고 헤어진 것이 아쉬웠다. '어떤 사람일까? 어떤 일을 하고 어떤 여행을 하는 걸까?'

헤갈레이라 별장은 우리 스타일

페나 성에서 내려와 제일 먼저 보이는 식당에 들어갔다. 전망이 좋은 테라스에 앉고 싶었지만 언제나 실내를 선호하는 민소의 의견을 수렴해서 안으로 들어갔다(엄마는 햇볕 쬐면서 먹고 싶어). 엄마에게 야단맞고 시무룩한 민유는 햄버거 세트를 민소는 오믈렛을 주문했다. 아이들은 오랜만에 먹는 햄버거와 오믈렛에 기분이 좋아졌는지 둘이 다시 장난을 치기 시작했다(그래, 너희 단순해서 좋다). 역시 사람은 제때 밥을 먹어야 한다. 빵으로 대강 아침만 때우고 사람 많은 기차에 산기슭까지 올랐으니 애들이 예민해진 건 당연하다.

신트라를 당일치기로 여행하는 건 불가능하다는 것을 신트라에 와서야 알았다. 우리는 새로운 여행지에 너무 빨리 정이 드는 스타일. 여기서 하룻밤 묵었으면 좋았을 텐데, 특히 아이들과 함께라면 여유롭게 여기저기 둘러보는 것이 훨씬 즐거웠을 거다. 하는 수 없이 몇 군데는 패스하고 제일 가고 싶은 곳으로 페나 성, 헤갈레이라 별장, 호카곶을 꼽았다. 무어 성의 성벽이 좋다는 사람들도 있었지만 고소공포증이 있는 우리는 패스하기로 했다.

헤갈레이라 별장에 간 건 정말 잘한 결정이었다. 드넓은 정원은 마치 정글을 탐험하는 것처럼 재미있었다. 이상한 나라 앨리스의 토끼굴 같은 동굴을 지나 나선형 계단을 내려가면 만나는 깊은 우물, 숲속 폭포, 징검다리, 화려한 석조 벤치 등 흥미로운 것 투성이었다. '백만장자 몬테이로의 궁전'으로도 알려져 있는데, 이탈리아 건축가 루이지 마니니Luigi Manini가 설계했다. 오페라 세트 디자이너라서인지 별장 곳곳에 극적인 요소가 가득하다. 여기서만 촬영해도 영화 몇 편은 나올 것 같다. 로맨스, 어드벤처, 서스펜스 등 장르도 다양하게….

벗어날 수 없는 바칼라우의 늪
the swamp of Bacalhau inescapable

오랜만에 바삭한 피쉬 앤 칩스를 먹을 생각에 기대가 컸다.

아! 그랬다. 런던에서는 코드 피쉬를 주문하면 당연히 피쉬 앤 칩스를 주지만 여기서는 바칼라우를….

세상의 끝, 호카곶
Cabo Da Roca

헤갈레이라 별장에서 나오자 시간이 벌써 5시를 넘어갔다. 호카곶으로 가는 버스는 도착 시간이 지났는데도 오지 않았다. 구글 맵이 잘못되었을까? 여기가 버스 정류장 맞는데? 하필 핸드폰 배터리도 얼마 남아 있지 않았다. 조바심이 나려는 찰나에 한국인으로 보이는 남녀가 버스 정류장에 왔다. 그들은 나를 보더니 알은체를 했다. 좀전에 페나 궁전에서 내게 사진을 부탁한 커플이었다. 마침 그들도 호카곶으로 가는 여정이라 함께 버스를 기다리기로 했다. 예쁜 여성은 친절하게도 자기 것을 쓰라며 충전기까지 빌려줬다. 오늘 만난 한국인들은 모두 나에게 행운이구나.

가끔 여행을 하다가 한국인을 만나면 짜증이 난다는 글을 본 적이 있다. 낯선 이국땅에서 한껏 정취를 느끼고 싶은데 여행 기분이 깨진다는 것이다. 뭐 그런 생각을 할 수 있다고 하자. 하지만 지금은 21세기, 오지가 아닌 이상 한국인 없는 곳이 있을까? 또 그런 생각을 굳이 글로 남기는 사람(심지어 여행 작가의 에세이 책에서도 읽었다)은 그게 옳은 생각이라고 여기는 걸까? 나는 그런 이들을 보면 정말 안타까운 생각이 든다.

결국 30분 넘게 버스를 기다리다가 우리는 우버를 탔다. 버스를 타고 가면 1시간이 넘는 여정인데 오고 가는 시간이 너무 많이 걸릴 것 같아서다. 우버를 타니 20분 만에 호카곶에 도착했다.

"여기 땅이 끝나고 바다가 시작된다."

포르투갈의 국민 시인 카몽이스의 유명한 시구다. 하지만 나에게 각인된 건 얼마 전 보았던 영화 <리스본행 야간열차>에서 아마데우와 에스테파니아가 리스본을 탈출해서 밤새 차를 몰고 와 아침을 맞이하는 장면이다. 영화에서는 설정상 스페인인 것 같았는데 촬영은 호카곶에서 했다. 그들은 앞으로의 새로운 인생에 대해 이야기한다. 카몽이스의 시구처럼 여긴 끝이 아니라 시작이라고 말하는 듯하다. 절벽에는 이미 많은 사람들로 가득 찼다. 우리가 다가가자 한 친절한 여인은 아이들을 위해 자리를 비워 주었다. 끝없는 망망대해를 바라보았다. 애들은 어느새 자기들끼리 사진 찍기에 여념이 없었다. 포토 카드를 꺼내 들고 타이타닉 커플 흉내도 내며 즐거워했다. 관광객이 너무 많아서인지 기대만큼 엄청난 감동을 느끼진 못했지만 애들과 오길 잘했다는 생각이 들었다.

고단한 버스

호카곶에 해 질 녘에 온 것까지는 정말 좋았는데 그런 생각은 우리만 한 것이 아닌 모양이다. 게다가 주말이라 사람이 너무 많았던 것이다. 호카곶에서 신트라 역으로 가는 버스는 초만원이었다. 1시간을 서서 가는데 성인인 나와 민소는 그렇다 쳐도 민유가 너무 힘들어했다. 속도 메슥거려서 그냥 바닥에 앉으라고 했다. 하지만 그건 창피한지 민유는 끝까지 서 있겠다며 고집을 피웠다. 이럴 줄 알았으면 1일 교통패스를 구입하지 말 걸. 그냥 우버를 타고 다니는 편이 나았을 것이다. 호카곶에 도착해서 우버 기사님이 "이곳에 얼마나 있을 거냐고, 혹시 30분 정도면 기다릴 수 있다."고 물었을 때 기다려 달라고 할 걸…. 택시비도 얼마 하지 않았는데 말이다. 엄마로서 보통 미안한 것이 아니었다. 리스본행 기차에서도 자리가 없으면 어쩌나 했는데 그나마 다행히 기차는 한산했다. 밤이 되니 날씨가 쌀쌀해졌다. 민소가 낮에 페나 성 기념품 숍에서 구입한 페소아 후드티를 생각해 냈다. 컨디션이 좋지 않은 동생에게 입혀 주고 챙기는 모습이 고마웠다.

포르투갈에서 가장 바쁘고 많은 일이 일어난 버라이어티한 하루였다.

리스본의 마지막 밤
LASTNIGHT IN LISBON

리스본을 떠나기 전 마지막 밤에는 코메르시우 광장에 갔다. 첫날 눈뜨자마자 아침 산책을 다녀왔던 곳이다. 곳곳에 버스킹 하는 사람들이 보였다. 경쾌한 음악 소리와 많은 사람들, 은은한 바닷바람(사실은 강바람)에 기분이 좋아졌다. 사실 아이들은 상당히 들떠 있었다. 풍선을 나눠 주는 사람을 발견하고 우리도 손을 내밀었다. 상냥하게 웃으며 풍선을 건네면서 2유로라고 말한다. 아이쿠! 무료가 아니다. 그래도 기분상 민유에게만 풍선을 사 주었다. 우리는 테주 강을 따라 한참을 걸었다. 타임아웃에서 저녁을 먹고 오는 길에는 야외 카페에서 아이스크림을 먹었다. 모두가 여행이 끝나는 것을 아쉬워하며 한참을 그렇게 벤치에 앉아 있었다.

늦은 밤까지 코메르시우 광장은 많은 사람들로 북적였다. 그래서인지 전혀 위험하게 느껴지지 않아 편안하고 즐거운 마음으로 산책할 수 있었다.

초판 1쇄	발행	2022년 11월 30일
2쇄	발행	2024년 5월 10일

지은이   조인숙
디자인   버튼티
일러스트   조인숙, 김민소, 김민유
편집   곽은영
마케팅   김성수

펴낸곳   일삼공
등록   제313-2010-134호   등록날짜 - 2010년 05월 01일
주소   경기도 일산 동구 정발산동 1157-9
전화   031-912-0130
팩스   0505-115-8130
인스타그램   www.instagram.com/buttontea

ISBN   979-11-87096-08-5   13980
판매가   18,000원

이 책은 저작권자와의 계약에 따라 일삼공 출판사가 출판하였습니다.
이 책은 저작권법에 따라 보호받는 저작물이므로 무단 전재와 무단 복제를 금지하며,
이 책 내용의 전부 또는 일부를 이용하려면 저작권자와 일삼공 출판사의 동의를 받아야 합니다.
파본이나 잘못된 책은 구입처에서 교환해 드립니다.